做孩子背后的隐形支柱

[俄]柳德米拉·佩特拉诺夫斯
李静 姜丽娜 译

中国宇航出版社
·北京·

图书在版编目（CIP）数据

做孩子背后的隐形支柱 /（俄罗斯）柳德米拉·佩特拉诺夫斯卡娅著；李静，姜丽娜译. -- 北京：中国宇航出版社，2021.8
ISBN 978-7-5159-1953-9

Ⅰ. ①做… Ⅱ. ①柳… ②李… ③姜… Ⅲ. ①家庭教育 Ⅳ. ①G78

中国版本图书馆CIP数据核字（2021）第149896号

策划编辑 田芳卿
责任编辑 吴媛媛　　**封面设计** 李　松

出版发行 中国宇航出版社
社址 北京市阜成路8号　　**邮编** 100830
(010)60286808　　(010)68768548
网址 www.caphbook.com
经销 新华书店
发行部 (010)60286888　　(010)68371900
(010)60286887　　(010)60286804（传真）
零售店 读者服务部
(010)68371105
承印 三河市君旺印务有限公司
版次 2021年8月第1版　　2021年8月第1次印刷
规格 880×1230　　**开本** 1/32
印张 9.125　　**字数** 171千字
书号 ISBN 978-7-5159-1953-9
定价 39.00元

本书如有印装质量问题，可与发行部联系调换感谢家长成为孩子成长背后的隐形支柱。

——柳德米拉·佩特拉诺夫斯卡娅

爱你没有特别的原因，
只因你是我的孙子，
只因你是我的儿子，
只因你是个孩子，
只因你正在成长，
只因你像爸爸和妈妈。
这种爱直到生命的尽头
也会是你隐形的支柱。

——别列斯托夫

前言

生命的进化就是父母教养的进化。最原始的生物刚出生时，与它们的“父母”没有任何区别，它们也不需要为生存问题向上一代索取什么。稍微复杂一点的生物，“父母”只是把它们放到有利的环境中，之后就靠它们自己自生自灭了。更复杂一些的生物，例如昆虫，“父母”需要尽力为它们提供食物，至少在它们刚出生时是这样。众所周知，一些鱼类已经学会如何保护自己的孩子，许多爬行动物会保护产下的蛋，并照顾孵化的幼崽。鸟类会孵化、喂养和训练雏鸟，以便它们掌握生存的技能，有时为了后代还会牺牲自己。

哺乳动物的幼崽如果没有父母的照料就无法生存，它们的幼年期比鸟类更长。哺乳动物的父母不仅要喂养、保护和教育幼崽，还要与孩子一起玩耍，爱抚和安慰孩子，解决兄弟姐妹之间的冲突，以使其更好地适应群体生活。

从这个角度看，人类确实是至高无上的创造物，因为我们有最长的童年（约占生命的四分之一）和最无助的后代。我们的后代需要花很长时间才能不依赖大人。此外，随着人类的发展，这个依赖期还在不断延长。过去，12 岁的时候童年就结束了，现在到 22 岁还不一定。

事实证明，人不像蟑螂那样，同数百万年前的亿万祖先一样执行编入基因的程序，而是能够创造自己的生活，思考宇宙的运行机制和他存在的意义，具有道德观念，拥有信仰，敢作敢为，有爱有恨。总而言之，人是一个理性而自由的存在。

人类幼童成年之前，有相当长一段时间是完全无助的，必须依赖父母或他人。从某种程度上讲，正是这种依赖转化为了自由。恰恰是最初对世界的绝对不适应，演变出了创造性地改变世界的能力。

生而为人，必经此路。每一个养育孩子的父母，也必经此路。本书中，我们将逐步认识人从出生到成年各个阶段的特点，并尝试理解成长的过程是如何进行的。

我想说的是，这本书不是严格意义上的科学书籍。虽然我很想重新经历从出生到成年这一过程，致力于研究和验证书中的每一个结论，但很遗憾，我的生命只有一次。在这种情况下，我选择作为一位亲历者，甘愿冒一切风险，告诉大家我在成长和抚养孩子这个过程中的感觉、感受和我对成长过程的理解。书中的例子全部来源于我的生活、客户和博客读者讲述的故事，以及我在街上和儿童游乐场上的观察。

依恋理论是一种完全科学的理论，有很多关于依恋理论的有趣研究和出版物，我会在阐述的过程中引用其中一些内容。但我想强调，并非该理论的所有观点和本书中的所有论断都得到了科学的、充分的证实，有一些观点和论断其实很难验证。

依恋理论还没有成为心理学研究的主流，专门研究依恋理论的书籍也不多见。在很多地方，依恋理论鲜为人知，这令人遗憾。在我目前的实际工作中，除了依恋理论，我尚不了解有其他更深入、更准确、更有效的研究个人，了解其童年角色、教育和心理治疗的方法。如果我们知道亲子关系的内在形成机制，那么就能避免很多困扰人们生活的悲剧性问题，许多已经出现甚至习以为常的问题，都可以得到非常成功、非常可靠的解决。我相信，未来对依恋现象的研究将会更深入，我们将会发现许多新的线索，这些线索将使人们的生活变得更加美好。

但是，我的客户和读者正在抚养孩子，他们已经等不及了。因此，在这里，我想直接与您分享我所知道的。我不会以书中内容冒充终极真理，请您阅读、观察、思考、判断和检验吧！如果书中所述与您生活中、亲子关系中发生的情况有所不同，您也不用担心和苦恼，不必思考哪个地方出错了，因为书中不可能描述所有情况，而且现实生活总是比最先进的理论更为复杂和真实。

如果您的孩子在书中所述的时点前后出现任何情况，或者出现的情况与书中不同甚至完全相反，请思考为什么会这样。孩子有自己的成长节奏和性格特征，您现在或某个时候的生活可能出现了特殊情况，导致与书中所说不符，当然也有可能是我说错了。“尽信书不如无书”，对这本书来说也不例外。

您是孩子的父母，您应该比任何人都更关心、更了解自己的孩子，也更能感受和理解自己的孩子，但有时似乎您根本不了解他。专家的意见只是为您提供反思的重要信息，它能帮助您从另外的角度查看自己的情况，能在更广泛的文化、传统甚至物种进化的背景下看待问题。如果现在您的孩子正在哭泣、打架或者处于恐惧中，决定该如何做的只能是您自己。在爱与关怀的驱动下，如果您的直觉与本书所说的不一致，那么就听直觉的。

在本书中，我们将与孩子及各位父母一起度过整个童年，也就是从出生到成年。在这个过程中，我们将创建一个成长路线图，同时考察依恋在这一过程中的作用。当然，孩子的成长是多方面的，包括身体、心灵和能力方面的发展变化，这里只关注其中的一个方面：亲子关系。一方面，这种关系依赖于上述其他方面的发展；另一方面，这种关系也会影响其他方面的发展。

本书中，童年的每一个阶段都独立成章，每一个阶段都有该年龄段的新任务、新需求、新机会。如果不能满足他们在该年龄段的需求，亲子关系和孩子的成长就可能遇到新的风险。我们尝试理解的逻辑是：无助地依赖父母的孩子如何从婴儿成长为成熟的人？我们的爱与关怀如何年复一年地成为孩子成长的隐形支柱，支撑孩子的个性发展？

除了成长路线图，本书还会引用生活中的实例和观察到的情况，以及文学或电影作品中的案例。您在阅读之后，如果能尝试用书中的观点分析您曾经经历或观察到的情况，那将会非常有意义和价值。您也可以从新的角度阅读或评论书中某些内容。

有时，一些内容可能超出了我们的研究范围，需要对其中的理论进行考察，以便更详细地理解这一过程是怎么实现的，因此我引用了一些图书资料。但我保证不会通篇使用术语，最多只提到涉及主题的关键内容。如果您觉得其中的主题特别有趣，可以阅读我所引用的图书。

当我们沿着孩子的成长路线图前进时，应该不时提出问题：为了使孩子自然成长，充满依恋感，并成功地让其获得自立，成年人应该怎样做？哪些事情能做，哪些事情不能做？通过思考并解决这些问题，您和孩子将变得更加轻松和快乐。对于您来说，育儿是一件幸福的事，不是一场苦役或总是担心会出错的考试。

* * *

本书是“亲密的人”系列丛书的第一本，涉及依恋理论的方方面面。在本书中，我们接触的自始至终是“好”的童年，没有任何问题和灾难的童年，并尝试理解是什么赋予了人依恋的经验，亲子关系如何帮助孩子建立人格，并在很大程度上决定他们以后的生活，本书书名《做孩子背后的隐形支柱》正是源于这一点。

了解了亲子关系的内在逻辑，可以使亲子关系变得更好。良好的亲子关系，深厚而可靠的依恋，是孩子良好行为的基础，能更好地开发孩子的潜力。为孩子提供人生最佳开端的不是各式各样的训练班，而是健康、和谐、亲密的亲子关系。我坚信这一点，并在此基础上一个阶段一个阶段地研究整个童年。

我的第二本书《心灵受伤的孩子》（*Дети, раненные в душу*），讲述的是令人悲伤的话题，也就是童年时，如果命运的打击或恶劣的环境破坏了自然规划的成长路线，将会产生什么样的后果，据此讨论依恋创伤和依恋障碍。这个话题我非常熟悉，因为多年来，我一直在与心灵受到创伤的孩子的父母（或养父母）打交道。没有人能避免受到依恋的伤害，从社会意义上来说，最幸福的家庭也会遭遇亲人离别、家人离异和疾病的打击，遭遇某些突然变化，发生一些对孩子来说非常敏感的事件。即使父母爱自己的孩子，他们也无法恰到好处地关心孩子，比如他们可能不了解孩子，或在无意间伤害孩子。这本书讨论在这种情况下儿童可能受到的伤害，以及我们应该如何帮助他们。第二本书与第一本书的内容紧密相连，因此，在这两本书中，我会不时地提及彼此。

我的第三本书《如果和孩子相处有困难》（*Если с ребенком-*

трудно)已经出版。这是一本实用手册，专门针对实际发生的情况，比如，我们与孩子失去联系应该怎么办，我们对自己的教育理念和教育方法感到困惑时应该怎么办。这本书建议从依恋理论的角度去理解正在发生的问题，有些内容与《做孩子背后的隐形支柱》讨论的内容有重叠。许多父母已经读过这本书，并认为该书对他们有切实的帮助。是的，它很有用。如果您迫切需要帮助，如果您的亲子关系很糟糕，您可以从第三本书开始读起，书中简要概述了依恋理论的实质。

第四本书与第三本书相辅相成，书名为《如果做父母很难》（*Если бытьродителемтрудно*）。这本书我至今还未着手撰写，但我真的很想写，因为与孩子的父母打了这么多年交道之后，我非常了解他们有多难。他们如何掩饰自己的依恋伤害，如何承受社会和家庭的压力，如何保护孩子及依恋成长的权利，这是前所未有的话题。很多父母为了孩子努力、勇敢地改变自己，我了解得越多，就越尊重和敬仰父母，因为父母对孩子的爱如此不同，如此博大、宽广、无私！我非常想为他们写一本书，内容是“如何成为比自己的父母更好的父母”。也许，随着时间的流逝，更多的书籍会出现在该系列中，但我认为这 4 本书我必须完成，并在可预见的未来完成。

如果您准备开启理解童年成长的旅程，那么现在就开始吧！

目 录

第一章 从出生到周岁——生命的邀请

第二章 周岁危机——自己人与外人

第三章 从 1 岁到 3 岁——征服世界

第四章 3 岁危机——不，我不想，我不做

第五章 从 4 岁到 7 岁——幼年

第六章 6 到 7 岁的危机——永远在一起

第七章 从 7 岁到 12 岁——走向广阔世界

第八章 从 12 岁到 15 岁——青春期，跨越差距

终篇

童年之后

第一章

从出生到周岁——生命的邀请

对于所有人来说，一切都以相同的场景开始。

虽然两个人根本不了解对方，素未谋面，但他们无限紧密地联系在一起。他们将经历 9 个月的完全融合：共同的血液，共同的空气，共同的经历。经过 9 个月的积累和成长，其间有奇异的变化，微妙地相互适应。为脱离温暖的母体，从一个世界来到另一个世界，两个人经历了艰难的几个小时，现在，他们终于面对面了。

母亲的眼中盈满泪光，那是由于疲惫、负累、欣喜和慈爱所致。新生儿的目光是清莹而专注的，注意力高度集中。当然是在他出生时很健康，分娩过程中没有经历痛苦和药物折磨的情况下。

此刻，新生儿将直面人生。他将一生中对他来说非常重要的面孔印在记忆深处，那是他的人生的缔造者。这位缔造者是为他驱散乌云还是带来狂风暴雨，是给他带来幸福还是剥夺幸福，是给他带来折磨的魔鬼还是带来上帝恩赐的天使，或者两者兼而有之，对此他必须认真对待。

从此，他们开始了一个持续一生的故事，一个像脐带一样将婴儿和母亲牢固地联系在一起的故事。通过这种联系，婴儿将迈向我们生活的世界，就像宇航员通过航天器进入外太空一样。与脐带不同，这种联系不是物质的，而是由心理和行为编织而成，如感觉、决定、微笑、眼神、梦想、行动和自我牺牲。这种联系对所有人来说都是一样的，并且对每个父母和孩子来说都是唯一的。它不是脐带式的联系，而是心灵之间的联系。实际上是大脑之间的联系，但用“心灵之间的联系”这种说法听起来更舒服。

这种联系就是依恋。依恋是不亚于孕育生命和发展成长的奇迹。

生与死的问题

婴儿出生时还很弱小，很不成熟，人类的进化使其刚出生时就面临严峻的形势。为了让母亲的直立姿势与孩子发达的大脑相适应，也就是母亲狭窄的骨盆与婴儿体积较大的头骨相适应，就必须要有所舍弃。

就我们这个物种而言，使用了有袋动物发明并不断发展和改进的育儿技术。比如，一只巨大的袋鼠会生出一个体形幼小，像小虾一样大小的幼崽，幼崽暂时不能与母亲分开独立生活，要在母亲的育儿袋里待一阵子。如果它不立即进入母亲的育儿袋，将很快死于饥饿和寒冷。

人类的孩子也是一样。进入人世的每个婴儿，都必须深刻地、本能地遵从人世间简单而苛刻的游戏规则。

规则一：婴儿无法独立存活于世。

对于婴儿来说，必须有成年人照顾他、喂养他、温暖他、保护他，他才能在人世间生存、成长和发展。如果没有人照顾他、喂养他，他将无法生存。

婴儿需要成年人的照顾，这是至关重要的生存需求。这不是“有成年人更好”“没有母亲会感到孤独和悲伤”的问题，而是事关生死。

提供这种照顾的生命程序，就是我们人类的“育儿袋”，这是分娩后的一种独特的外部子宫，是孩子从出生到步入社会的过渡门户。这种生命程序被嵌入人类大脑深处，而大脑对婴儿配方奶粉、保育箱或儿童之家毫无概念。很少有研究能触及新生儿的心理，在新生儿的心灵深处刻着这样一句话：依赖别人或者死去，别无选择。

这个规则是依恋最重要的属性，它在很大程度上解释了孩子的行为。**依恋是至关重要的需求，其意义级别是最高的。离开依恋，孩子就无法生存。**

规则二：如果成年人突然离开，或者他们不尽心照顾和保护你，宝贝儿，请不要立即投降。

这不是任性，而是为生存而战。不用客气，他们不来你就大声哭喊。不想来也要强迫他们来，他们忘了就用这种办法提醒他们。如果你不相信他们，就再次确认他们是否仍然爱你，仍然认为你是他们的孩子。孩子，保持警惕很重要，收益会很丰厚，开始战斗吧！

如果孩子在情感上不信任家长，他将会尽最大可能确认这种联系，不惜一切代价努力维持和加强这种联系。他只能不惜代价，否则他就会危在旦夕。这就是为什么婴儿刚出生就会立即寻找家长并吸引其投入情感的原因。

孩子，让家长深深地爱你吧！为了完成这一艰巨的任务，每个孩子都会化身为詹姆斯·邦德，浑身充满魅力，因为他们天生拥有这样的能力。

没长牙齿，但仍有武器

哭喊是新生儿的主要武器。除了哭喊，他还能做什么呢，他现在连自己的胳膊和腿都无法控制。为了引起成年人的注意，他只能哭喊。不是简单地哭喊，而是大声哭喊。

客观地说，新生儿的哭声并不那么嘹亮和尖锐。特别是对于居住在喧闹大城市的人来说，一个小人儿的哭声，怎么能和邻居家装修房屋的电钻声、地铁列车飞驰电掣的噪声、飞机起飞的轰鸣声、摩托车的马达声和震耳欲聋的音乐声相比呢？成年人在面对上述这些令人不快的噪声时，会以某种方式忽略掉，做到听而不闻，不去关注，甚至能在它们的伴奏下睡觉。据说战争期间，士兵们在隆隆的炮声中也能安然入眠。

但孩子的哭声没有人能做到听而不闻。这种声音“撕心裂肺”，让人“肝肠寸断”。孩子的哭声落在一个频率范围内，能够唤醒成年人的关爱本能。

孩子本能的哭声无可非议，无论家长是否累了，是否想睡觉或生病了，是否忙于其他事情，是否想来，是否能来，都必须立即放下手里的一切去照看孩子。即使是别人家的孩子哭了，也是如此。每个成年人听到孩子的哭声，都会下意识地环顾四周并为孩子感到担心。如果是自己的孩子哭了，更会使出浑身解数让孩子停止哭泣，比如喂他食物，拥抱亲吻他，为他洗澡，摇晃着哄他入睡，家长甘愿为婴儿安全地成长付出所需的一切。

有时候，在酒精这类能改变心理状态的物质的影响下，家长对婴儿的关爱本能暂时会受到破坏，也可能由于精神错乱、心理创伤、脑部损伤而持续性地受到破坏。在这种情况下，婴儿的哭喊声要么无法战胜麻醉剂引起成年人的注意，要么引起不正常的反应，比如烦躁、愤怒或绝望。在刑事记录中，就有这种悲惨的案例，在产后抑郁状态下，有些母亲把哭喊不停的孩子摔到墙上或扔出窗外。

文明社会也发生过不遵循人类本能，尝试打破人类本能的做法。例如，20世纪初，在非常发达和富裕的国家，人们试图在火车车厢里为婴儿建立隔音箱。这些封闭的箱子有厚厚的壁板和通气孔，父母可以把哭泣的孩子放在里面，以免他们的哭声干扰其他乘客交谈和休息。不过，人们很快放弃了这个主意，因为大家都为孩子感到难过。即使现在，为了让我们远离这种声音，“单独带孩子出行”或“和孩子们待在家里”的观点，也不时引发社会激烈的争论。

其实，孩子们获得的照顾不都是靠鞭策家长得来的，他们也有“饼干”和“蜜糖”这样的武器。

通常在出生后第二个月，美妙的时刻就来了。这时，父母会情不自禁地兴奋大叫，在家里四处寻找相机记录这一刻，还会迫不及待地打电话给亲朋好友，告诉他们今天孩子第一次微笑了。

小生命张开还没长牙的小嘴巴，不久之后就会发出笑声。婴儿的笑容会让父母感到无与伦比的幸福。这种幸福促使父母尽全力照管孩子，只为孩子能笑一次，再笑一次……父母愿意再次抱起他，逗弄他，亲吻他，为他摇拨浪鼓、唱歌、学鸡叫、打响鼻，扮成动物园里的各种动物，或者让祖父把报纸弄得沙沙响。是的，父母愿意做一切事情，只为博他一笑，只为再次感受这种无与伦比的人伦之乐。

猜猜这是怎么一回事？是本能使我们上了孩子的当。孩子因此获得成长和发育所需要的一切，用瞬间的非凡笑脸奖励父母的付出。这也源于父母照顾后代的本能，就像性爱愉悦使我们乐于繁衍后代一样，照顾婴儿也会使人体向血液中释放更多令人愉悦的激素，这是一种自然奖赏。

实际上，孩子可能没有做任何特别的事情，他只是以自己的方式使家长陷入了依恋。超大的头，胖乎乎的脸蛋，纽扣似的鼻子，大大的眼睛，短胳膊短腿儿，所有这些都激起人们照顾孩子的本能，何况孩子的笑还那么甜美……

众所周知，当意外看到一个婴儿形象时，我们的目光落在他身上的时间，比落在其他任何事物上的时间都要长。本能会让人们仔细观察他，并确保孩子一切正常。此外，具有婴儿比例的人物总是会不由自主地引发人们的爱怜，这一心理特性被广泛地用于广告设计和品牌形象建设中，比如米老鼠和奥运会吉祥物。

人类从遥远的灵长类祖先那里得到的条件反射，有助于孩子保持与成年人的接触。婴儿会牢牢地抓住成年人的手指或头发，如果婴儿被放下，他就会舞动小手儿和小脚儿，就像要尽力抓住成年人的手指一样，这一点也有助于我们的祖先在茂密的灌木丛或树杈间迅速摆脱捕食者时不会失去他们的幼崽。

刚出生的孩子，只要是正常的婴儿，就已经能够通过声音、气味儿和奶水的味道辨别出母亲，他会专心地凝视母亲的脸，将她铭记在记忆的深处。这是哺乳动物和鸟类的特有本能——印刻现象。

动物的印刻现象是一个简单但非常不灵活的依恋程序。例如，奥地利研究人员康拉德·劳伦兹（Konrad Lorenz）描述了这样一种情况：刚孵出的鹅最初几分钟如果看到的不是鹅妈妈，而是一只靴子时，它们会认为靴子是它们的母亲并跟着靴子到处乱跑。

幸运的是，人的本能并非如此。人的本能要复杂得多，由于某种原因，刚出生时没有获得印刻经验的孩子，仍然会爱那些关心他们的家长。否则，从产科医院出生的那一刻起，所有孩子都会视穿白大褂的医生为父母，从而忽略了他们真正的父母。

出生后的头几个小时，婴儿与母亲身体接触，这不仅对婴儿来说很重要，对母亲也同样重要。毕竟，母亲的身心也有照顾孩子的本能。母亲的乳房充满了乳汁，如果不喂养孩子，会肿胀发痛。母亲的子宫在分娩时被拉伸，会流血。随着婴儿的吮奶动作，子宫会慢慢收缩，伤口也会愈合得更快。母亲需要听到婴儿的呼吸声，能够触摸他的皮肤，闻到他的气味，亲吻他，这样会使她感到愉悦和镇定。如果母亲与孩子隔离，她会坐立不安，令人焦虑的幻觉会折磨她，她会认为孩子发生了什么不幸的事，比如被偷换、生病或者死去。母亲希望和孩子待在一起，此时她所有的想法和情感都是关于孩子的。即使分娩使她感到疲倦，她也很容易在孩子的哭喊声中醒来。

甚至有一种观点，即严重的精神障碍如产后抑郁症，与分娩后为让产妇好好休息或为让孩子接受治疗而将新生儿与母亲分开的做法有关[1]。如果母亲被剥夺了把婴儿抱在胸前、注视着他、嗅着他的机会，她的内心深处会将其解释为婴儿已经死亡。母亲生了孩子，但孩子不在身边，这意味着孩子已经死了，毕竟古老的程序中没有“新生儿单独病房”这种设定。之后，她会为失去孩子而悲痛，这也是许多哺乳动物具有的非常古老的程序，我们可以在失去后代的猫和狗中观察到这种现象。最初，母亲会患上严重的焦虑症，神情茫然，坐立不安。之后她会陷入沮丧和绝望，最后愤怒地爆发。

其实孩子还活着。孩子回到家之后，需要获得照顾，其他家庭成员希望产妇展现出母亲幸福快乐的一面。但对于母亲来说，她的内心深处觉得孩子已经不在了，这可能是别人家的孩子，她为什么要照顾这个孩子呢?

孩子也不快乐，因为他无法唤起母亲的关爱。孩子不喜欢这样，他的无助和要求会惹怒母亲。家庭成员和周围的人通常不知道发生了什么事，产妇本人也不敢承认她不喜欢自己期待已久的孩子。最严重的是，母亲实

---

[1] 这可能只是原因之一。分娩后与婴儿有过接触的产妇，有时也会出现产后抑郁症。即使有些母婴没有接触，产后抑郁症也很少发生。关于产后抑郁症可能产生的后果以及如何帮助母婴的更多信息，参见《心灵受伤的孩子》一书。——作者注

在难以承受内心的痛苦，或者担心自己迁怒于孩子，有可能会自杀或产生自杀念头。

如果母亲的本能是正常的，她会做好全身心照顾孩子的准备，会成为孩子坚实的依靠，承担起照顾新生命的责任。这是一种奇妙的感觉：她不属于自己，也不自由，她所有的感觉都与这个会哭会闹的小人儿联系在一起，对此她感到很幸福。如果这是母亲的第一个孩子，那么这种奇妙的感觉可能会令她不知所措。

我清楚地记得我儿子出生那天的情景。当时是在一家老旧的妇产科医院，出生后孩子就被带到其他地方，然后一天也没有被送回来。医生说我 Rh 抗原阴性，对孩子的健康有影响，他出生后我只和他在一起待了 5 分钟。我只记得他很小，爱哭闹，看起来有点儿可怜。

深夜我从浅睡中醒来，感觉灵魂正从我的太阳穴中抽离出来，离我而去，飘出房间，沿着医院的走廊慢慢飘到了孩子们睡觉的地方——我的孩子睡觉的地方。当灵魂离我而去时，这是一种奇怪的感觉，不好也不坏。只是从那时我才明白，孩子已经成了我的灵魂。

从孩子出生的那一刻起，他与母亲之间的关系就迅速地建立起来了。每一次哺乳，每一瞥目光，每一次触摸，每一下带有独特气味的呼吸，都是一条坚实的细线，这条线扎根于母亲的灵魂，将母子永远地联结在一起。越来越多的线交织缠绕，彼此重叠，母子之间就有了新的、非物质的、心理上的脐带。通过这条脐带，母亲保护、照料孩子，并由此获得孩子的信任和无限热爱。这就是**依恋，一条心理脐带，通过这条脐带，父母与孩子之间建立起深厚的情感联系**。

有一次，我在儿童游乐场上看到这样一个场景：一个大约两岁半的孩子胆怯地环顾四周，他看不见妈妈，他的妈妈不知所踪。孩子把手指伸到嘴里，同时嘴唇在颤抖，眼看他就要哭出来了。这时一个大一点儿的女孩儿转向周围站着的大人，跺着脚大声问道：“这个男孩儿的妈妈在哪儿？”

孩子们是这样看待世界的：每个孩子都有一个妈妈，她们是一体的。

上面说的都是关于妈妈的，那么爸爸呢？其他家庭成员呢？他们大概也是这样。在生理上，他们与孩子之间的相互依存关系比较少，但依恋的原理是相同的，成年人提供的每项保护和照顾行为，都会使他们和孩子建立起联系。每当孩子寻求并得到帮助时，每当孩子的眼神、微笑、张开的双臂得到回应时，这种联系就建立起来了。父亲、祖父母、兄弟姐妹之间都是如此。如果孩子没有亲生父母，他与养父母的关系也是这样建立起来的。

不仅仅是母亲，对其他关心他的成年人，婴儿也会形成依恋，这是确保婴儿生存的自然法则。作为人类，生养孩子十分辛苦，也会遇到很多困难，而且孩子对于我们而言非常珍贵。在这种情况下，不仅产妇照料婴儿，男人、老人和稍大一点儿的孩子也会帮助照料婴儿。婴儿的哭声、微笑和表现，会对他们产生无法抗拒的吸引力，他们与婴儿之间也有牢固的依恋关系，婴儿会得到全家人的保护和照顾。

婴儿期——通向外部世界之门

在世界各国的文化中，大多数人都认为新生儿还没有完全来到这个世界。在出生的头一两个月，婴儿通常没有名字，父母不让外人看到他们，他们也不会被带出门。

在某些地方的传统中，甚至禁止说孩子出生了，每个人都假装什么事情都没有发生。人们只是在孩子出生第 40 天或者 100 天过后，才向孩子的父母表示祝贺，仿佛这样恶魔就不会发现和伤害孩子。

当然，我们的祖先有理由感到恐惧并小心翼翼，因为婴儿的死亡率曾经居高不下，恶魔和感染的危险随时都有可能夺去小人儿的生命，这一切不能完全归结为恐惧和迷信。

新生儿看起来也确实好像“还没来到这个世界”，他们似乎仍然沉浸在自己的世界里，或者存在于某个遥远的地方。一天中，他大部分时间都在睡觉，对周围人不感兴趣，表现也令人难以理解：他哭闹是想要什么，还是有什么地方不对劲儿？老实说，新生儿更像是一个还没有完全醒过来的“胎儿”，而不是一个孩子，他还没有真正来到我们这个人世。

还记得小时候也可能是长大后，在某个陌生的地方，比如火车上、别人家或者新家中醒来的经历吗？你会听到一个声音说：“该起床了！”你似乎已经醒了过来，但还没有完全清醒，大部分意识还游荡在另一个世界，梦还在继续。此时你无法立即明白周围的情况，身处何处，以及自己是谁，你的身体似乎不听使唤，你需要躺一下，在两个世界之间待一会儿才能“苏醒”。如果这时妈妈抚摸你，握着你的手，慢慢地、温柔地唤醒你，这会是很好的唤醒方式。如果此时房间里散发出油炸饼的香味儿，如果阳光通过窗子照进来，你就可以伴着阳光、声音和气味儿，慢慢进入我们这个生存的世界。你可以在爱与关怀中缓缓走过连接两个世界的小桥，眯缝着眼睛躺一会儿，平静而完全地进入这一天。

如果你因为“不能再躺下去了”“睡过头了，要迟到了”，或者发生了其他什么事儿而突然惊醒，并且必须立即跳起来做事，这时周围的世界仿佛是黑暗的，寒冷的，没有任何能让你感觉愉快的事情。这种情况在成年人的生活中经常发生，对有些人来说，也可能每天都会出现这种情况。

这样醒来后，人们就会出现身体不协调、注意力不集中的问题，好像意识的某个部分还没有完全苏醒，卡在了某个地方。有时我们需要喝杯咖啡或用冷水洗洗脸，才能完全清醒过来。每一次这样的唤醒，都会给身体带来压力。如果这种情况偶尔发生，没有什么问题，忍一忍就过去了，如果经常发生，那么就会影响身心健康。人在突然惊醒时，人体器官对身体进行的微调工作将无法完成，它们会被粗鲁地强行打断。这种情况，对普通计算机来说都是危害，更别提人体了。

新生儿与人半梦半醒时身处两个世界之间的情况非常相似，只是婴儿完全醒来用的时间更长，这个阶段持续时间有两三个月，有时也称这个阶段为第四孕期[1]。此时婴儿看起来就像还没有完全来到这个世界，大人的任务是为婴儿提供一个安全、平稳的过渡环境，使婴儿没有压力和痛苦地“起身”，甚至忘了是被唤醒似的。

孩子就像在门口徘徊一样，他需要被邀请才能进入人世，需要用食物的香味儿和亲人的温暖、关爱、安宁迎接他。这个时期暂时不需要培养、教育或让他“习惯”任何事物，只需要精心照看他，将他带入这个世界。

从怀孕到足月进而分娩，心理上的脐带——依恋，开始承担起生理脐带的作用。在此期间，他仍然与母亲紧密相连，只是出生前他在妈妈的子宫里，出生后他在妈妈的怀抱里，他与妈妈的

[1] 3个月为一个孕期，故作者称产后头3个月为第四孕期。——译者注

身体距离并没有改变，他还需要在妈妈的怀抱里再待一段时间。

此处及下文我们仅画了妈妈，但她代表了对照顾孩子有重要意义的任何成年人，包括妈妈、爸爸、祖父、祖母，甚至是哥哥、姐姐或者他们全体。

现在讨论“不要让孩子养成喜欢被抱着的习惯”这个观点是对是错，已经被认为过时了，然而，我们的父母（以及我们）在这方面曾经受到过巨大的打击。

我不知道是否有小说描述过年轻母亲的痛苦：母亲站在婴儿房门外，听到孩子令人心碎的哭声，但没有走近孩子并把孩子从婴儿床上抱起来，因为“你不能让孩子养成喜欢被抱着的习惯”，因为“他是个小操纵者”，因为“之后他将骑在你的头上”。年轻母亲准备用头撞开门，她所有的本能都要求她立即抱起孩子，拥抱他，摇晃他，安慰他。她体内的声音尖叫着说，“孩子不应该那样哭”，这是不对的，反常的，这样的话，事情不可能变得更好。但是书里说“哭对肺有好处”，一位严厉的儿科医生也警告她说：“把孩子抱在怀里会使孩子脊柱弯曲。”

为了能够安心上班，一位妈妈被迫在女儿出生两周后将她送入托儿所。这位妈妈反复对自己说：“不要溺爱她，否则你会后悔的。”尽管爸爸对这种做法也很不安，但还是辩称：“你喂了她，给她换了衣服，她也很健康，没有任何问题。她开始会哭闹，以后习惯了就会好的，不用担心。”

几代母亲都有过以上这种经历。

其间也许会出现悲剧。悲剧中的人通常并不是恶棍，但他们互相折磨甚至杀死对方，究其原因，是他们遭遇了命运车轮的碾压。这个命运车轮是一个综合体，包括育儿中的错误观念、世代相传的育儿传统、号召妇女加入经济发展进程中的生产劳动、负责婴幼儿品牌营销的育儿大师的流行建议，以及如今围绕着母婴的许多其他强大力量。父母为此吃尽了苦头。

负疚感和无力感深深植根于父母的灵魂中，它们会转变为过度的焦虑。有些父母为了回避孩子的痛苦，已形成一种自我保护性习惯，他们会对孩子说：“你自己能行的，你已经不再是小孩子了。”“别开玩笑了，这只是一件小事儿。”

如果孩子怎么哭喊都没人应答，当孩子哭闹得疲劳时，绝望将淹没他。一旦他被淹没一次，就会被淹没第二次，甚至第十次，然后这种绝望感会在他的内心滋长，常驻他的体内，一生伴随着他。这种绝望感会萌生出不理性的想法：“一切都是没有用的，没有人会帮助我，我注定要失败。”

对于我们的祖先来说，把孩子独自放在一个木制的盒子里然后安然离开的想法很奇怪，怎么能让无助的孩子这样独处呢？是的，我们不是生活在洞穴里，也不是生活在小木屋里。对生活在家长精心选择的漂亮的幼儿园里的孩子来说，他不会被野生动物拖入树林，也不用担心被老鼠咬伤。但是孩子并不知道这一切，进化了数百万年的本能告诉他，为了自己的安全，要么与成年人待在一起，要么他就完蛋了。

数百万年来，母亲的本能也造就出了孩子的本能，就像一个机制最复杂的两个部分一样，这种本能一直重复着同样的事情：不要离开孩子，不要让他长时间哭喊，哭喊对孩子和母亲来说都是危险的，老虎听到孩子的哭喊声，会过来把两个人都吃掉。

孩子的哭喊声会给成年人带来难以承受的压力，这种压力是为了驱使母亲采取行动，采取某些紧急措施让孩子停止哭喊。然而现在，社会文化要求我们在孩子哭闹时不要靠近孩子，要求我们靠意志力战胜内心的紧张和不安情绪。这听起来让人感到难过，估计所有人都觉得很遗憾。

幸运的是，“孩子会被宠坏的，只给他最需要的东西就可以了”这样的陈词滥调已经成为过去。即使在严厉的限制下，我也希望本能能够促使母亲承担起自己的责任。年轻的母亲会悄悄地打破限制，抱起孩子，不是按照时间表给孩子喂奶，而是根据孩子的需要喂奶。尽管母婴亲密接触让孩子有“感染的风险”，但我还是希望母亲能亲吻自己的孩子。

> 在我儿子出生的那个年代，很少有人听说过婴儿背带这种东西。本杰明·斯波克（Benjamin Spock）那本著作，是当时育儿图书中影响最大、理念最先进的书籍。其中有一句被认为是最简单、最有智慧的建议：“让孩子哭喊吧，他会习惯的。”
>
> 我儿子出生3个星期后，我母亲结束假期离开了。我丈夫去医院上班，我独自和儿子留在家里。那时冬季刚过了一半，天气阴暗而寒冷。奇怪的是，我那天的感觉很好。我不想把孩子放下，我那天就没放下，一直抱着他。我们一起睡觉，一起看书，一起吃面包，一起洗尿布，一起做饭。
>
> 此前我会产生一些想法，比如，也许永远都不该抱着孩子站在火炉旁。但我那天就是不想把他放下，他就

抱在我的怀里，我可以嗅到他，亲吻他，触摸他，不断地对他说话，想说什么就说什么，这令人感觉很惬意。

也许在“不要让孩子养成喜欢被抱着的习惯”的年代里，年轻的母亲们得到了自己祖母的帮助。幸运的是，祖母们的育儿观念在工业化社会之前就已经形成了。年轻母亲的祖母，有时可能是祖父，抱起哭闹的小可怜儿，紧紧地抱着他，在房间里一边走一边轻摇着他，不知疲倦地哼着“啊—啊—啊”或“噢—噢—噢”，小可怜儿最后终于平静了下来。

当我的女儿一个月大时，我的母亲从3000千米外飞到我家，照看她的外孙女。一个下午，孩子突然大哭起来，我逗弄她，喂她食物，轻轻摇晃她，都没有任何帮助，这时真正的大师出场了。

我的母亲把孩子紧紧地抱起来，开始上下轻摇，给她唱歌。这是我小时候就记得的那首歌，可能是母亲继承了她母亲传给她的歌儿：“你是我的小宝贝，再见，再见，我亲爱的小宝贝。”她这样哼了很多遍，每次还有变调儿。我到现在都记得那首歌的每一个音，每一个调儿。

当然，那个时候我已经厌倦了夜里被孩子惊醒和她不停地弄出响动，我一直都想好好地睡一觉。母亲照料她后，她开始平静下来。天啊，我想我可以躺一会儿，小睡一下了。

我母亲一直在哼唱。

5 分钟后，我丈夫也回来了，躺在我的身边很快睡着了。

然后我儿子出现了，他那时快 10 岁了，实际上他白天从不睡觉。但此时他迅速地爬到了我们中间，也睡着了。谁都无法抵抗这种“再见，再见……”的哼唱声，那天我们 3 个人都酣睡到晚上。

这是我人生中一次幸福的记忆，我们并排躺着睡着了，房间里飘荡着母亲的歌声。歌声是如此甜美，使人沉浸其中，完全信任它，身体的每个细胞都感觉到平静与安宁。这是属于人类婴儿期的远古魔法。

如果我们还记得，此刻孩子还没有完全来到这个世界，婴儿期的含义就变得简单而且可以理解：我们需要让他处在他所熟悉的环境中，例如与子宫类似的环境，因为他暂时还不适应其他环境。我们要用柔软的襁褓包裹他，用温暖的手紧紧地抱住他，轻摇他，就像他在妈妈的肚子里随着妈妈的动作晃动一样。用单调但是足够大的声音，将他与其他环境隔开，就像他在妈妈的子宫里时，妈妈的心脏在他的耳朵上方跳动，就像肠子翻转、血液流动的声音一样。让他在这种“半梦半醒”的状态中再待一段时间吧，让他在温暖与平静中无忧无虑地睡眠和成长。

不要让孩子提前独处，这样做只是给了父母安宁，并不会增强孩子的“独立性”。

从满足到独立

在以往的农村里，周岁前的婴儿大部分时间都和母亲在一起。母亲会将婴儿抱在怀里或背在背上，陪孩子一起睡觉，劳作时也可以喂养孩子。如果“习惯了被抱着会宠坏孩子”这种担心是正确的，那么这些孩子在成年之前可能都需要抱着。

事实上，观察到的结果恰恰相反：这些被抱着长大的孩子，在两岁的时候就比城市里的同龄人更加独立。他们不愿意发牢骚，不会无理取闹，不会一直拉扯他们的母亲并“挂”在母亲身上，他们充满了快乐和好奇心，看起来一点儿也没有“被宠坏”。

来自现代大都市的孩子，因为父母担心他们“习惯了被抱着”而很少抱他们，或者因为缺少父母的陪伴，他们长大后，反而会贪婪地要求成年人给予更多的关注，行为任性，非常黏人，永不满足，让父母们感到筋疲力尽。

一切并不像严格的儿科医生保证的那样：一旦他们习惯了被抱着，他们总是会提出类似要求。恰恰相反，小时候习惯被抱着的他们，长大后反而变得更加独立。

孩子的成长类似于走复杂的迷宫，就像大型的电脑游戏一样，路上有很多分叉口，在分叉口需要回答一些问题，路径选择部分取决于问题答案。

新生儿时期是人生的第一个分叉口，这时孩子似乎在决定：要不要在这个世界上扎根？父母有没有在这里等他？他有没有生存的机会？他用哭闹来提出问题。他大喊大叫，我们可以将其大致翻译为：有没有人可以指望？有人需要我吗？我可以轻松地成长，还是必须一直为生存而战？让我尽快知道答案吧！

最好的回答是："你好，宝贝儿，我们在这里期待你很久了，你可以依靠我们，轻松长大，我们不会让你失望。你需要的一切我们都准备好了，请你享受成长和生活的快乐吧！"

当然，对于这些问题，孩子需要的不是言语，而是实际行动：母亲一直都守在孩子的身边，畅开温暖的怀抱，无论何时都有足够多的母乳，对他无法言说甚至都没有意识到的需求给予充分的关注。在这种情况下，孩子能够轻松、从容地成长。

一旦某些需求得到满足，他就不再有此类需求了。比如，到了他要挣脱父母双手的时候，父母就不用再紧紧握住他的小手了。长大后，他会需要一个单独的房间，并为身处其中感到幸福。如果我们吃饱了，就不会拿着食物离开桌子。如果我们睡够了，就不会整日寻找躺下睡觉的机会。**当需求被完全满足时，就不会再有此类需求**。需求得到满足，会让人感到自由自在。

反之亦然，**如果我们的某些重大需求受到限制，这种需求就会变得越来越强烈**。被严格控制饮食后，我们可能想吃掉冰箱中的所有食物。一个年轻时贫穷的人，长大后可能更渴求金钱和昂贵的奢侈品。如果某件事使我们感到恐惧，那么我们可能会长时间过分谨小慎微。

对于孩子来说，如果他的问题是："嘿，这儿有人需要我吗，你们在等着我吗？"但是他从成年人的行动中得到了不确定的答案；如果他大哭大喊，成年人有时会走过来，有时不来；如果不是按照他的需求给他喂奶，而是按"时间表"喂奶；如果他还完全没有做好独处的准备就让他独处，他就会执行另一套规则。

"规则二：如果成年人突然离开，或者他们不尽心照顾和保护你，宝贝儿，请不要立即投降。"在这种情况下，他们会起来反抗，不惜一切代价吸引父母的关注，迫使父母照顾自己。此时孩子会无缘无故地哭泣，黏着你，还会抱怨，或因感到无助而生病。

如果需求没有得到满足，孩子会因"依恋饥饿"感到恐惧。此后，即使他得到了父母的关注，也无法感到满足。他不认为这一切对他来说已经足够了，他会对他得到的东西再次确认，同时提出更多的要求。因为他知道父母给的不如他想要的那么多，为了得到最想要的东西，他需要提出更多的要求。就像书中有关大耳猴切布拉什卡和鳄鱼根纳[1]的故事一样：要得到一车砖头，你得提出两车砖头的要求。

---

[1] 大耳猴切布拉什卡和鳄鱼根纳是乌斯宾斯基·爱德华作品《鳄鱼根纳和他的朋友们》中的形象。——译者注

每个孩子的父母都知道这种现象：如果你哪儿也不去，陪着孩子，摇晃他，自己也想趁机休息一会儿并躺下来搂着孩子，那么他会很快入睡。但是，如果你有紧急工作要去做，如果厨房里的汤煮沸了，如果电视机里正在播放你喜欢的电影，如果客人正坐在隔壁的房间里等着你，摇摇他可能会使他入睡，但是当你把他放在床上试图起身离开时，他又会哭闹起来。无论你如何小心翼翼或偷偷摸摸地离开，他都像能感觉到你想尽快摆脱他一样，而马上警觉，努力不让你离开。

正是根据这一关于满足与独立的规则，孩子会产生一种稳定的、任性的依赖行为。如果孩子经常感到大人顾不上他，没有时间陪他，他就无法放松，时刻保持警惕，检查他与大人之间的联系是否牢固。对于这种行为，父母既感觉疲倦，又觉得愤怒。周围的人也会说孩子“被宠坏了”，父母于是开始变得严厉，不再理会孩子的“借口”。之后事情会变得更糟，因为这样孩子会更害怕，更拼命地斗争，从而形成恶性循环，每个人都变得不幸福，不快乐，不满意。

依恋程序是交流性的，是孩子的要求（我需要！我很害怕！）和成年人的回应（我会帮助你！我会保护你！）之间的交流。如果要求得到了可靠的回应，那么程序循环将闭合，开始进入下一个循环。当父母慷慨、爽快地满足了孩子的需求时，孩子就会从不安中解脱出来。

正是需求得到完全满足使孩子变得独立，受到照顾和关注让他们具有独立应对无助状况的能力，“只有您不断往水缸中注水，水缸才能装满”。

如果孩子的要求没有得到及时和适当的回应，或者得到了敌意和恼怒的回应，比如“别再闹了，闹够了没有！”孩子的要求就像损坏了的齿轮一样被“卡住”，这样的孩子将会缺乏独立性，哪怕到了不该有如此强烈需求的年龄，他仍然是需求的奴隶。就像需求曾经受限的那个孩子一样，甚至要求得更多。

当然，除非他对父母回应自己的需求这件事没有完全丧失信心，也没有放弃希望，否则他会遭受严重的依恋伤害。对于这种情况，本书不再讨论。

重要规则！无须训练新生儿，无须折磨他和自己。天性使得母亲在孩子出生的头几个月时间里时刻与孩子在一起。这段时间实际上很短，很快就会过去，并且一去不复返。对于父母来说，其他事情都可以放一放，工作、朋友、家庭，所有这些都不会消失。但是这几个月的时间，对于以后的亲子关系来说，其意义是无价的。

当然，孩子处于婴儿期时，现代女性面对的情况更复杂一些。在古代社会，母亲会迅速从分娩中恢复过来，很快回归平时的社交圈，开始日常活动和娱乐活动，只是多了孩子对她的依恋而已。她可以在做其他事情时照顾婴儿，比如喂他、逗弄他、给他洗澡。

在现代城市中，育有婴儿的妇女则变得更为孤立，她没法上班，很难参加交际活动，不得不放弃一些平时的娱乐活动，比如看电影和购物。尤其是如果没有亲戚和朋友提供帮助的话，情况更令人痛苦。

这种现代化的城市生活，正在一点一点地改变，在改变的湍流中，母婴逐渐受到越来越好的照顾。比如大型公司办公楼中出现了越来越多的公共空间，其中包括带有婴儿座椅的咖啡馆、母婴室等，厂家生产的婴儿背带和背包也很受欢迎。利用这些照顾和方便，母亲可以在孩子出生的头几个月每日与孩子在一起。婴儿期持续的时间很短，而且一去不复返，没有任何东西可以替代这段时间，也没有任何东西值得被交换。

谁是世界上最可爱的人

时间流逝，到“第四孕期”结束时，婴儿终于有了孩子样儿：他微笑着抬起头，好奇地四处张望，把手伸向父母。

对父母来说，新生儿在很多方面都是“黑匣子”，父母无法理解他为什么哭，为什么笑，在看什么，在想什么。但是，三个月大的婴儿完全是另外一种样子了，父母看得懂他的表情，他的眼睛完全“睁开”了，他的脸蛋儿变得漂亮了，他的身体也更加舒展了。总之，孩子可爱的样子可以拍摄商业广告片了。

孩子用自己的方式发表声明：这就是我！嗨，跟您在一起很有趣！我也许成功进入这个人世了，让我们尽快开始生活吧！

从这时起，与父母之间的眼神交流、表情交流、声音交流、手势交流，成为孩子生活中最重要的内容。每一个交流行为，每一瞥目光，每一次微笑，都会变成一根细线，将孩子与父母紧密地联系在一起，这就是牢固的依恋。

这种交流本身非常有趣。科学家已经开始深入研究并详细描述我们与婴儿之间的交谈方式，并称这种特殊的交谈方式为“母亲式的讲话”，对于不同的文化和民族来说，其特点都是一样的。无论何时何地，成年人与婴儿交谈时，都爱用昵称和夸张的语调来凸显他们的音色，并且喜欢拉长元音。他们喜欢在对话中使用面部表情，也喜欢触摸孩子。女人、男人、小孩、老人，有孩子的和没有孩子的，大家都这样做。这是一种我们从小就掌握的行为模式，在我们看到婴儿时，这种模式会不自觉地触发。

“母亲式的讲话”从字面上看非常有趣。您想一想就会发现，母婴间的讲话内容听起来相当奇怪。

“我们这么好的孩子是谁呀？这是我们的好孩子瓦先卡[1]。”

“我们的瓦先卡为什么在擦眼睛？我们这个傻小子想睡觉了。”

“为什么我们的瓦先卡不高兴？哦，这个奶嘴掉下来了，真糟糕，它滚到哪里去了？”

“又怎么了，发生什么事了？哦，该给瓦先卡洗漱了。”

“我们这个男子汉多么帅啊！他这件小猫图案的新衬衫多美啊。”

“小猫在说‘喵喵’，它想和瓦先卡做朋友。”

“我们真正的男子汉现在要去睡觉觉了。”

类似的对话每天都在不停地发生。

你肯定也会觉得上面的对话用书面形式表达出来感觉很奇怪吧？因为我们与其他人交流时，不会不断地提及对方的名字、性别、穿着、想要什么以及现在的心情。如果我们用这种方式与他人沟通，他们肯定会认为我们不正常。但是，不同性别和年龄、

[1] 瓦先卡是瓦西里的昵称。——译者注

不同文化和社会阶层的人，都会以这种方式和婴儿交流。

在婴儿出生的头几个月，家庭成员间的大多数交流（包括成年人之间的交流），通常都是围绕婴儿进行的。他们谈论他，关心他，赞美他，就像粉丝一样围着他转。

阿格妮娅·巴尔托（Agnia Barto）在一首诗中，以一个10岁男孩的视角，描述了“大人如何整天围着孩子转”，在男孩儿看来这很奇怪。

我妹妹出生二十天了，
每个人都在不停地谈论她：
她是最优秀、最聪明的人。
早起在家里就听到：
“她重了一百克！
好女孩儿，好聪明！”
当她喝了一些水时，
会再次赞美道：
“好女孩儿，好聪明！”
当她睡得很香时：
“好女孩儿，好聪明！
妈妈为阿廖恩卡感到高兴。”
还会低声说：“好可爱！”

“看，我们换好了新的尿布！”

“看，我们在打哈欠，我们张开嘴了！”

爸爸开心地大叫，

我都认不出他了。

他把所有彩色胶卷

都用在了阿廖恩卡身上。

其实，婴儿自己也喜欢这种特殊的交流方式，而且他也期待这样的交流。在著名的“面无表情”实验中，心理学家要求婴儿母亲停止这种“母亲式的讲话”，一直保持沉默，并且面无表情。婴儿迅速经历了惊讶、焦虑到抗议的变化，进而惊慌失措，大声哭喊，以至于没有一次实验能够超过两分钟。由此看来，如果没有与婴儿不断地进行孩子气的“交流”，他们是无法忍受的。

这类特殊沟通的本质是什么？成年人，首先是父母，经常向孩子提及孩子的乳名、孩子的需求和自己的感受，就像对他说：“我们看得到你，你对我们来说是存在的，你对我们很重要。”是啊，不然孩子怎么知道他是真的存在，他就是这个孩子呢？这完全是隐性知识，必须从其他人那里获得，别无他法。

还记得在电影《阿凡达》中潘多拉的居民们互相问候时所说的话吗？“我看见你了”，这不是电影中的幻想，在许多民族文化中，见面时的问候语就是这样的。我看得到你，你存在，我承认你在这个世界上存在，此后才开始谈事情。

相反，你存在，有感觉，能思考，想要某种东西，但没有人能看到你，不承认你的存在，你就被现实世界驱逐了，这是很恐怖的事情。这种痛苦在电影《幻影》[1]中表现得淋漓尽致。

这种残酷而极其有效的抵制他人的做法，是建立在人需要依赖他人认可的基础之上的：没有人接触你，也没有人伤害你，你只是被无视了，这种生活让人生厌。

我们是社会动物，我们不能那样做。我们需要被周围人“看见”，需要知道他们听得到我们的声音并理解我们。

只有从周围的成年人那里看到望着自己的眼神，在熟人脸上看到对自己需求的回应，听到成年人对自己的描述，婴儿才意识到自己的存在。

在儿童之家长大的孩子，被剥夺了与爱他们的成年人不断交流的机会，他们只能通过镜子认识到自己存在，这比普通婴儿晚几个月甚至几年，这一点对大家来说毫不奇怪。另外，他们从用

[1] 电影英文名Prizrak，2015年上映，导演亚历山大·瓦尔金斯基，曾导演《黑色闪电》。——译者注

第三人称称呼自己，如“万尼亚想要”“给万尼亚”，到改用“我”一词，相比普通婴儿也晚得多。从某种深层意义上来说，他们还没有意识到自我的存在。

成年人经常充当孩子的镜子，但这些镜子不像冰冷的玻璃那样只是无差别地反映面前的事物。“母亲式的讲话”充满赞美、喜悦，话语亲昵，语调温柔，饱含牵绊。母亲的欣赏和赞美，就像无形的发光的蚕茧，紧紧地包裹着孩子。对于孩子的每个表现、每个声音、每个表情，母亲都感到高兴，并能理解它们背后的意义，而且会在自己的脸上夸张地再现，这让孩子感受到他能被理解，他对他们来说很重要。母亲不仅充当镜子，还会通过语言等各种形式向孩子表达：他一直是个好孩子，有人爱他，他的存在对自己很重要。这样的交流称为“积极镜像”，也就是说，它不是冷漠的，而是充满关爱和认可的镜像。

在孩子周岁以前，周围的每一个人都会不断地向孩子传达他的信息，他的需求，同时不断地赞美他和感动他。受到这样对待的孩子会得出什么结论呢？结论就是“**我存在，这很好**”。这个结论非常重要，对于他的个性发展至关重要：这是妈妈告诉他的，这是爸爸让他明白的，而且每个人都赞同这一点，包括祖母、邻居甚至是偶然碰面的路人。

想想这是多么重要的认识：我存在，这很好。这意味着我有权合法地存在于这个世界，这个世界接纳我并为我感到高兴；我就是他们需要的样子，他们完全无条件地接受我，爱我。“这很好”是个人世界、微观世界和整个人类世界发出的一个预兆，之后他将在这个世界上以自己的方式来生活，而且从根本上来讲——“这很好”。

心理学家将这种感觉称为**对世界最基本的信任**，它在很大程度上决定了一个人同自己和未来生活之间的关系定位。据说，沮丧、成瘾和其他糟糕情况，正是源于最基本的信任危机。非常令人遗憾的是，并不是所有孩子一出生就幸运地沐浴在积极镜像之中。如果父母待人冷漠，如果母亲患有产后抑郁症或正在经历悲伤的事情，如果她过度劳累，患严重的疾病，如果婴儿太早进入托儿所而又很少受到关注，那么最基本的信任就可能无法形成。

积极镜像是自尊自爱的基础，是形成个性最重要的核心。如果个性的基础像磐石一样坚固，坚信“我存在，这很好”，那么他对外部评价的依赖就更少，批评和谴责就不会像利箭那样摧毁他，他也能在最大程度上保持沉着冷静，保证自己的安全。成年后，他会合理地对待批评，要么接受，要么拒绝，犯错时也能及时纠正并向别人道歉。总之，自己的未来能够由自己掌控。

批评通常是他人对自己的主观判断，既可能是正确的，也可能是错误的，既重要又没有特殊意义。正面评价和称赞也一样，它们让人愉快，但这并不是孩子迫切需要的，它们无法渗透到个性成长的最深处。没有任何赞美能比婴儿期获得的最基本的信念——“我很好”，更强大、更重要。

如果一个人对自己缺乏“我很好”这种坚如磐石的积极态度，情况会怎么样呢？遇到批评，尤其是来自亲人或重要人物的批评，会视为对自己整个人生的威胁，批评仿若一则告示书：“你不够好，这个世界没有你会更好。”

尽管理性上他明白批评本身不能杀死自己，但在潜意识里，他会认为谴责是对自己的死刑宣判。难怪一个人无法从批评中受益，他要么像受伤的角斗士，不惜一切代价自卫，不择手段还击，用攻击和伤害回应对方，要么什么都不做，竭尽全力避免犯错。

奇怪的是，赞美也没有什么好处：它要么令人极度难堪，要么令人感到尴尬，因为赞美会给人一种“不劳而获”“不够真诚”的感觉，还可能变成一剂兴奋剂，而一个人很容易被奉承和赞美所控制。

生命中遇到这两种情况的概率比我们预想的要多得多。它对人产生的消极影响，最严重时，表现为一种痛苦的对他人评价的依赖，也即所谓的自恋型人格障碍。

我们周围有很多人似乎不确定自己的存在，也不相信自己的权利。他们不一定是孤儿，但生活中常常缺少对他来说最重要的人的关注和接纳。

有时半夜里，我们会在摩托车的轰鸣声中醒来，没有安装消声器的摩托车，在沉睡的城市街道上疾驰。为什么骑手以这种带有侵略性的方式向世界宣告他的存在？为什么他不相信有另一种更平和的方式证明自己的存在呢？

我们经常在一些愚蠢的电视节目中，看到有些人不仅愿意暴露自己的隐私，而且甘愿为了“上电视”丢掉自己的尊严。这些人，只是为了暂时使别人相信他们存在。

很多情景剧以这样的“幸福”结尾：主人公在报纸头版看到自己。仿佛只有社会彻底认可他的存在，他才开始相信自己真的存在，才能确信自己拥有生存和成为自己的权利。

很多人在社交网络上无休止地发布照片和每日动态，公开他们的生活细节，好像他们没有获得点赞，就无法确定自己真的有脸面、有地位、有汽车、有孩子、有别墅、有宠物猫和水果派甜点。

还记得果戈理先生的那句话吧：“请转告皇帝陛下，世界上还有多布钦斯基和博布钦斯基[1]……”

当然，积极镜像并不会在婴儿期就结束，父母会继续告诉孩子：“你是我的所爱，你很重要，我们为你进入我们的生活感到

[1] 多布钦斯基和博布钦斯基是《钦差大臣》中的人物形象。——译者注

高兴。”

当孩子出现危机时，当他面对艰难挫折时，当他处于迷茫的年龄段（如青春期）时，他对这种“温暖心灵”的需求可能会加剧。在关键时刻，他从父母眼神中、从父母话语中得到的父母对他的理解、认可和无条件的接纳，可以使他再次确信“我存在，这很好”，这一切对孩子的个性成长来说非常重要。

尽管积极镜像本身具有普遍性和万用性，但其表现程度在不同的文化中也有很大的差异。

我的一个熟人告诉我，他的小儿子有一个保姆，保姆是一个刚从高加索村庄来的女人。保姆心地善良，富有爱心，年轻的父母和孩子都非常喜欢她。

保姆照看孩子几周后，对孩子的父母说：“我对孩子的一些情况还不太了解，你们是否对我隐瞒了什么？我发誓我不会离开你们，但请告诉我，孩子到底怎么了？”父母对保姆的这些话非常诧异和震惊，他们刨根问底才弄清了保姆的问题所在。

原来保姆一辈子都和感情丰富、乐于交流的同村人以及他们抚养的孩子一起生活，但城里人对待孩子的态度和举止令她完全无法理解。在高加索地区，她已经习惯了这种生活场景，如果你用婴儿车推着一个可爱的胖乎乎的婴儿走在街上，每个遇见你们的人都会停下来，兴奋地说：“哇，这孩子真漂亮！孩子多壮实啊，父母真幸福啊！愿上帝保佑孩子健康！”她们那儿的人都这么做。但在城市里，迎面走来的人瞥一眼孩子的脸，就会视若无睹地转过身去，脸上那种大都市居民常见的沮丧表情没有任何变化。

这位保姆不了解城乡之间的这种差别，于是自己反复琢磨，找到了一种自己认为合理的解释：孩子大概得了重病，得了不治之症，这些城里人能立刻从孩子脸上看出来，然后瞄一眼就转身离开，只有她一个人蒙在鼓里，什么都不知道。

这个故事与其说让人好笑，不如说令人心痛。这件事说明，我们的孩子实际上被严重剥夺了积极镜像，而他的同龄人则沐浴在积极镜像的温暖中。不仅是高加索地区，其他很多地方也是如此，孩子们受到自己的亲人或其他人的赏识、赞美和爱抚，这是很自然的事情。

年轻的俄罗斯母亲带着孩子一起旅行，当别人对自己的孩子表现亲热时，母亲常常表现出惊讶甚至愤怒：他们为什么都来骚扰我的孩子？在她们的意识里，只有患病儿童的母亲，才愿意去那些人们从早到晚都夸婴儿“可爱”“漂亮”和“壮实”的地方：在那里，不管认不认识，人们看到孩子时，都会放慢脚步，紧紧地拥抱孩子，试图逗他笑。不会回避他们，也不会用令人生厌的表情来打量母亲。

就像有些地方缺乏某些对健康有益的重要物质，比如碘或维生素一样,有些地方则缺乏对儿童的积极关注。

有些人非常讨厌孩子气的交流，觉得那样做很假，他们更喜欢像成年人一样同婴儿说话，或者根本不与婴儿交流。通常来说，如果我们多了解一些这种人的童年，就会发现他们的父母与他们沟通不够，或对他们很疏远，很冷漠。积极镜像是一种无意识的同化行为模式，如果你没有得到它，那么在与孩子们说话的时候也不会出现。可悲的是，这种接力赛会一直持续下去。

重要规则！了解了积极镜像在孩子成长过程中的作用，我们就可以评估母亲的心理、情绪状态对孩子有多重要。母亲生病、疲倦，与丈夫发生冲突，或对未来产生恐惧，都可能导致她虽然照顾孩子，却没有出现积极镜像。因此，家庭成员和其他亲人为婴儿做的最好的事情，就是帮助他们的母亲得到足够的休息，使她变得平静和快乐，让她有更多的时间与孩子沟通。当母亲和孩子在一起时，最好不要去取代她的位置，而是照顾好她，比如帮她做家务，准备可口的饭菜，为她按摩，准备芳香的洗澡水。当孩子的母亲感觉良好时，她自然会愉快地与孩子沟通。

和妈妈在一起我会没事的

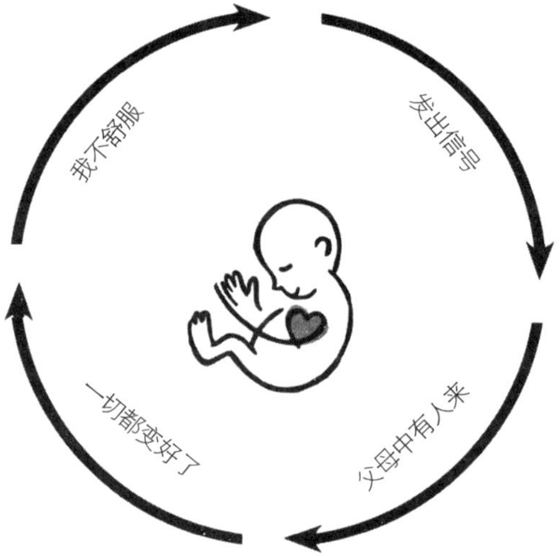

孩子周岁以前，对于婴儿的哭闹，母亲要回应多少次？ 10次？3000次？在孩子和照顾他的成年人之间，每次都会发生同样的“对话”：

“啊！我不舒服！”

“我在这里，我会帮助你。我现在就喂你，给你洗澡，轻摇你，抱起你。”

“生活越来越好了！”

一遍又一遍地重复，这些连续的行为形成了关爱转轮：孩子感到不适→发出求助信号→父母回应他的需求→孩子感到舒服了。如此循环，直到出现下一个问题。

刚开始，关爱转轮会停滞不前，新手父母很难猜测婴儿的需求。有时候不管父母怎么做，都无法安慰孩子，给他喂奶、换尿布或抱他都不行。婴儿哭是因为肚子痛，天气变化，或者其他不适？他大喊大叫，新手父母对此束手无策。但孩子长到两三个月时，“对话”就开始建立起来了，父母和孩子之间相处会更和谐。此时，母亲能够区分出孩子的哭声和面部表情，很清楚孩子想要什么，是想睡觉还是要被抱着。

关爱转轮进一步旋转，每转一圈，都会增加孩子对父母的信心：这一次爸爸妈妈来帮忙了，这一次也是。一次又一次，一直如此。没有人知道关爱转轮究竟转了多少圈，但是在孩子快满半岁的某个时刻，一件对亲子关系非常重要的事情发生了：孩子开始信任父母。

新生儿饥饿的时候怎么哭？就像他被刺伤了一样，好像他现在就要饿死了，这是一种刺耳的尖叫，没有任何办法可以让他停下来。哭喊的时候，他双眼紧闭，一副拒绝与外界接触和陷入痛苦的样子。

这是可以理解的：饥饿是一种至关重要的感觉，生死攸关。孩子的生存经验很少，他怎么知道他一定会被喂养，不会饿死呢？因此，当他感觉饥饿的时候，他会声嘶力竭地尖叫。只有当喝到第一口奶时，他才会停止哭喊，开始进食。大人除了立即满足他的需求外，没有任何其他方法可以安慰他。

现在孩子 6 个月大了，他饿了，此时妈妈却不在身边，跑去商店购物，耽误了喂奶。他真的很饿，只好躺在父亲或祖母的怀里大哭。但当走廊上传来妈妈的声音时，他立即停止了哭泣。他整个身子转向走廊，被泪水浸泡的双眼努力去寻找妈妈。他将双手伸向妈妈，虽然此时他仍然感到饥饿，但他不再尖叫，而是不耐烦地小声呜咽。

妈妈还没有走近他，也没来得及喂他，他却不再感到那么无助和害怕了。这是为什么呢？因为在过去的 6 个月中，关爱转轮已经转了很多圈，每次母亲来喂他，令人讨厌和恐惧的饥饿感就会马上消失。他的小脑袋于是得出一个结论：和妈妈在一起我会没事的，如果我能看到她，能听到她的声音，就意味着我已经安全了。

再过一年，到了一岁半时，饿了妈妈会告诉他："等一下，亲爱的，我现在给你煮粥。"他会等待 10 到 20 分钟，不会歇斯底里地哭喊，因为妈妈在旁边，意味着一切都会好起来的。

依恋的神奇之处就表现在这儿："父母的存在"这一事实使孩子能够安心，能够得到安慰。父母在身边孩子不会害怕，因为父母总会做些事情让他感觉很舒适。

孩子的这种信念在成年人看来是不合理的，但孩子除了明显的饥饿、寒冷和痛苦以外，其他客观需求并不多。俗话说：“跟亲爱的人在一起，住窝棚也是天堂。”尽管成年人经常质疑这句话，说爱情会过去，只留下窝棚，爱情的扁舟在日常生活中怎么可能不触礁呢！但对于孩子来说，这句话百分之百正确。如果与家人在一起，家人关爱他们，哪怕生活再困苦，哪怕住窝棚，他们都感觉良好。

> 那些一贫如洗的难民，他们的孩子虽然经受着炮火的袭击，食不果腹，虽然他们住在难民营，不知道接下来会发生什么，但如果父母跟他们在一起，如果父母不整天唉声叹气，孩子们仍然会觉得很幸福。
>
> 反之，生在富人家的孩子，住在昂贵、豪华的房子里，拥有最好的物质生活条件，并且非常安全，他也可能根本感受不到幸福，因为他的爸爸有很大的生意要做，在外面有情人，经常不回家。妈妈整天精神沮丧，曾经多次尝试吃安眠药自杀，家里不断地更换女佣和保姆。相较于难民家庭的同龄人，这样的孩子更容易出现精神障碍、遗尿症、神经性皮炎，更容易因长期巨大的精神压力遭受其他恶果。
>
> 从孤儿院和儿童庇护所职员那里，我们多次听到他们讲述令人惊讶的故事：“孩子从母亲那里带走时，浑

身长满虱子，遍体疔疮。他们一家在地下室的一堆破布里过夜，但总体来说孩子身体很健康。而在我们这里，虽然条件优越，丰衣足食，孩子一年却要住两三次院，要么因为肺炎，要么是肾炎。”

事实就是这样。孩子和妈妈生活在一起，即使住条件恶劣的地下室也不害怕。即使妈妈没有自己的住房，没有稳定的工作，但她会努力喂养孩子，安抚孩子，尽力照料孩子的一切[1]。

如果妈妈经常不在身边，虽然居住条件很好，生活温暖舒适，但身边经常是变幻不定的陌生人，持续不断的压力会破坏孩子的免疫系统。

关爱转轮每转一圈，依恋就会得到一次强化，长期持续下去，依恋会变得越来越强大。每一个关怀行为，就像一次积极镜像行为一样发挥作用。关爱是一条线，将孩子与父母紧密地联系起来。孩子相信关爱转轮会不停地旋转：和妈妈在一起我会没事的，和爸爸在一起，我也可以放心。

数不清的关爱之线，慢慢地会编织成越来越牢固和可靠的依恋之绳，这条绳越可靠耐用，父母拥有的魔力就越多。他们的吻

[1] 仅仅照顾孩子显然不够，我们也要注意忽视带来的创伤，详细内容参见我的另一本图书《心灵受伤的孩子》。——作者注

能减轻孩子的痛苦，他们的触摸和声音能消除孩子的恐惧。随着依恋越来越强大，在孩子眼中，他们甚至能化腐朽为神奇，“挥手驱散乌云”。

对于每个孩子来说，父母都是他们这个世界上最强大的神，这时他们还没有意识到父母也有他们无法解决的问题。父母可能没有足够的金钱，没有无所不能的神通，可能会担心自己或孩子的健康，可能无法保证未来生活一定会幸福。

幸运的是，孩子并不知道这一切。孩子不知道父母会如何照顾他，父母在想些什么，会付出多大的牺牲。他对这些问题不感兴趣，只是信任并等待父母的帮助——他永远如此。**孩子依恋的那个人，只要站在那里，就能给予孩子安慰和力量。**

无论这个家庭是住在豪宅还是住在贫民窟，是生活在大都市还是生活在边远村镇，无论是像周围家庭那样生活，还是与众多家庭大相径庭，孩子都不在乎。只要父母在身边，用关爱照看着他，回应他的哭泣和需求，那么对他来说一切都安好。即使出现经济危机，全球气候变暖，传染病流行，发生洪水或爆发战争，如果父母和自己一切如常，如果父母不长时间离开孩子，如果父母足够镇定和自信，那么孩子就不会有任何担心和恐惧。因为**孩子的幸福并不取决于他所处的环境，而是取决于他所处的关系。**

重要规则！父母不要因为居所狭小，穿二手衣服，或者经常买不起水果，就认为自己是不合格的父母。像广告宣传中的漂亮儿童房、名牌儿童服装，以及叫不上名字的儿童护理用品，即使声称“由最好的专家特别设计，能使您的宝宝感到幸福”，如果父母不在身边或缺乏合适的照料，也无法让孩子感到安心。

老实说，一个典型城市中等收入家庭购买的所有婴儿用品中，有四分之三是孩子并不需要的。有能力为什么不买呢？其实这只会让父母开心。为了获得更多收入，保持在正常的消费水准之上，父母早出晚归，被工作搞得筋疲力尽，这样做值得吗？不要为了“给他最好的”而牺牲与孩子交流的时间。世上没有什么比你和你的拥抱更好的了，对于孩子来说，信任和内心的安宁不是金钱所能买到的。

有水和无水的环境

我认为，在本章的内容中，父母不会看到对自己来说完全陌生的东西。依恋是如此自然，如此平凡，孩子当然需要父母，需要父母的爱与关怀，那还有什么要说的，要研究的呢？

爱因斯坦曾经说过："鱼是最后一个发现水的。"毕竟，水是它的世界，是它的生活方式。依恋也是如此，它是如此自然，如此深入人心，以至于我们意识不到它是一种特殊现象，整个科学史中几乎从来没有人研究过它。

鱼什么时候发现了水？没有水时。同样，在观察孤儿时，我们才会发现依恋这种现象。

依恋理论创始人、英国精神病学家和心理分析家约翰·鲍尔比（John Bowlby），经常与孤儿院中的儿童以及第二次世界大战与父母分离的儿童打交道。为躲避炸弹的袭击，这些孩子从英国工业城市中撤离出来。鲍尔比第一次意识到并提出如下观点：和父母在一起，是孩子的一种特殊而重要的需要，即使已经吃饱穿暖，并且周围很安全，他也会因为与父母分离而感到痛苦。

鲍尔比是第一个看到依恋进化本质的人。作为一种在儿童和成年人之间建立情感联系的程序，依恋将他们彼此联系在一起，这样孩子就不会感到孤单，就能够活下去。对孩子而言，家长的存在本身就意味着保护与安宁，孩子需要的正是能提供保护与安宁的母亲，而不仅仅是母亲的乳汁或为他做事的双手。

这似乎是很自然的想法，但是鲍尔比为捍卫这一观点，不得不与那些年流行的精神分析理论激烈辩论。精神分析理论认为，婴儿仅将母亲视为乳房的延伸，是食物的来源和提供吮奶的快乐之源。

“婴儿具有与人接触并依恋他的内在需求，对目标的依恋需求与食物需求无关，对目标的依恋需求与对食物和热量的需求同等重要。”鲍尔比在1958年这样写道。

在鲍尔比之后，人们还研究了类似“无水之鱼”情况下的依恋。只有当孩子与家长之间必要的情感联系被剥夺时，我们才能从造成的严重后果中看出这种联系对他来说有多么重要。

英国的詹姆斯和乔伊斯·罗伯逊继续了鲍尔比的研究，他们研究了与父母分离对幼儿的影响。他们拍摄了著名电影《约翰》，讲述一个母亲进入产科医院后，她的儿子在儿童之家待了九天的故事。他们还拍摄了电影《劳拉》，讲述了一个住在医院里，父母只能短时间探望她的两岁女孩的故事。这些电影的故事情节很平常，但观众在观看时仍然泪流满面，这是因为虽然客观上孩子们处于条件良好且安全的环境中，但观众仍然对片中婴儿与父母分离的痛苦感同身受。

鲍尔比的学生玛丽·安斯沃斯（Mary Ainsworth）做了一个经典实验：让婴儿与母亲暂时分开，婴儿独自待在一个有陌生人的陌生房间里，母亲出去一段时间后再回来。婴儿在这种情况下的不同表现，与他们对母亲的依恋程度有关，与他们是否认为母亲是提供保护和支持的源头有关，与他们是否对此有信心有关。

捷克心理学家兹德涅克·玛捷契克通过观察孤儿院和整托幼儿园里的孩子以及意外出生的孩子来研究依恋理论，后面我会谈到他的一些观察结论。

加拿大心理学家戈登·诺伊费尔德的著作《每个孩子都需要被看见》，关注的是那些受同龄人影响过多的孩子，因为他们对父母的依恋并不坚实和可靠。

我对依恋理论也很感兴趣，在养父母不得不纠正、治疗孩子受伤的过程中，我非常赞赏依恋理论提供的所有方法和实践。对于被剥夺了最基本生命需要的儿童而言，其他方法根本不适用。了解依恋经验如何影响孩子们的行为和成长，并据此制订治疗方案，通常可以使遭受依恋创伤的孩子奇迹般地康复。

近年来，依恋理论的主要原则基本阐明，基于依恋理论的图书得以出版，相关影片获得公映。鲍尔比在英国议会发表了著名的研究报告且该报告被翻译成数十种语言之后，人们对待儿童的态度开始发生转变,儿童需要父母陪伴的观点也开始被越来越多的人接受。

父母被允许进入儿童医院，整托幼儿园不再被视为正常，孤儿不再是必须收入孤儿院，而是可以安排进收养家庭。在许多国家，带薪育儿假得以延长。儿童需要家长陪伴的权利，同安全和受教育的权利一样，被视为儿童的一项基本权利。

人们希望，在所有这些变化的影响下，能使今天的孩子更安全、更顺利、更受关爱地成长。实现上述期望，还需要长期认真的努力。

在我看来，当今35岁以下的年轻父母，对他们的孩子更友善，能更好地理解孩子的需求。年轻父母不仅照顾孩子，还会考虑孩子的感受。这些年轻父母在自己出生和长大时，社会观点已经有了改变，认为在婴儿出生后的头两三年里，陪伴婴儿是正常的，不应该在婴儿出生不久就将他们送入托儿所，因此，年轻父母这一代得到了更多的家庭照料，也许这使得他们有了更强烈的意愿来照顾自己的孩子。

我对依恋理论印象深刻，它让我看到了依赖的发展机制。在这种机制下，人类幼童开始了自己的生活，逐渐变得像成年人一样独立。了解了依恋的构成后，我们能在父母与孩子习以为常的沟通中，日复一日、年复一年地看到和听到这种发展变化。同时，我们可以在诸如“任性”“娇生惯养”“富有攻击性”“性格不好”“懒惰”等标签后面看到问题的本质——儿童对依恋危机的反应。我们应该想办法帮助孩子成长，让他不必为了获得我们的关爱而浪费他们的精力。[1]

[1] 我的另一本图书《如果和孩子相处有困难》就是关于这个问题的，它的主题是依恋理论在抚养孩子中的实际应用。——作者注

第二章 周岁危机——自己人与外人

他很害羞

周岁危机通常在婴儿长到7到8个月大时突然出现，有时也可能晚些，接近周岁时才出现。比如，父母和孩子一起例行去儿童诊所，以前，孩子总是非常礼貌地对待所有想要看他、摸他、对他说话的阿姨（当然，前提是她们不会弄疼他），也很乐意接受她们的关注，他会微笑着伸手去抓闪闪发光的听诊器。

现在一切都不同了。孩子好像发生了什么变化，他不想这样做了，他开始害怕她们。他试图把头埋进母亲的怀里，躲避陌生人的目光和双手。如果她们坚持向他伸出双手，甚至触摸他，他就会大喊大叫。

再比如，一个朋友经常到您的家里做客。之前她会把您的孩子抱在怀里轻轻爱抚，孩子都很开心。每次她来时，孩子都会朝她的怀抱扭过身去，高兴地“咿咿呀呀”。然而，突然有一次，孩子变得好像不认识她了，转身藏了起来，甚至又哭又闹，就像他看见的不是早就熟悉的人，而是一个丑八怪。

他怎么了？

对不起，不用担心，他只是长大了。

最可能伴随的情况是，在最近几天或几周内，他学会了自由行动：他开始爬行，开始越来越频繁地挣脱大人的双手，跌倒在地板上，在地板上自由“游泳”。

如果我们还记得，在依恋的自然程序中，孩子的行为是为了确保自己的生存和安全，那么我们就会理解这种改变的意义。孩子不会自己移动时，母亲可能因为各种原因，比如，搅一搅锅中的热汤或上厕所，把孩子交给她信任的人。多数情况下，如果他被舒服地抱着，被温柔地对待，而且母亲离开的时间也不长，孩子就不会介意。

但是现在，他能够从大人手里挣脱出来了，他会爬了，情况正在发生改变。现在他可以自己跟着母亲或其他成年人行动，这个人会去哪儿呢？也许去森林，也许去悬崖边，也许去有蛇的沼泽地。如果孩子能够跟着任何人行动，如果有的人不知道正在被孩子尾随，那就太危险了，毕竟这些人不是孩子的父母，缺乏父母那样的警惕性。

从孩子获得自主行动能力的那一刻起，他必须知道应该跟着谁，不应该跟着谁。他要分得清谁是自己的家长，分得清谁是关心他的人。正是在这个时候，孩子大脑中负责存储完整视觉图像的功能区域开始发育，他开始认得出爸爸妈妈，甚至在几十米远的地方也能把父母与其他人区分开。

每个人都会在院子里看到这样的典型场景：晚上，妈妈、保姆或祖母用婴儿车推着婴儿，去迎接下班的爸爸（或者妈妈，如果妈妈出去了的话）。大街上还有很多陌生人，孩子冷漠而好奇地瞥了他们一眼，突然，他的眼睛发出光芒，身体前倾，并且发出声音——是他(她)，是亲人的脸！他多么高兴啊！与父母分开后重聚，他开心得似乎要从婴儿车中跳出来，急不可耐地朝父母的怀抱奔去。

很快他就真的会跑了……

很小的时候，他还做不到这些，只有当母亲走近，注视着他的眼睛说话时，他才会对母亲做出反应，做出一系列举动，例如微笑，挥动小胳膊小腿儿，发出“咿咿呀呀”的声音。如果妈妈离他只有5步远，正忙着做事，不跟他说话，那么他可能会难过和哭泣，好像他失去了妈妈一样，尽管妈妈就在他的身边。

在这个重要的转折点上，即所谓的周岁危机时（尽管有时会更早发生），孩子已经形成了依恋圈。依恋圈包括所有经常保护和关爱他的人，即那些与他同住或经常与他共处、照顾他的人，比如妈妈、爸爸、祖母、祖父、哥哥、姐姐、保姆，有时甚至是猫或狗。

总之，依恋圈包括所有让他感觉安全的人，比如在需要的时候他会求助的人，多次被证明可以依赖的人，同处时不会让他出事儿的人。依恋圈的人会喂他食物，给他温暖，鼓励和安慰他，与他同在。和这些人在一起时，他不会感到害怕，他会茁壮成长，这些人就是“自己人”。其他人都是外人、陌生人，孩子无法放松地和这些人相处，不应该跟着他们，也不应该让他们触碰自己，更不应该和他们待在一起，因为孩子永远不知道跟他们在一起是否会发生危险。

如果一个陌生人把5个月大的孩子从婴儿车上抱起来的话，只要这个人不吓唬他，不弄疼他，他就不会介意。如果是对一个1岁的孩子做这种动作，就会失败，因为孩子会尖叫着转身，扭头去寻找“自己人”。

这并不意味着孩子周岁以后，其他人就不能成为亲近的人，不能赢得他的信任。可以的，但有必要举行某种“仪式”，“请求”进入他的依恋圈，并获得他的许可。

凭直觉，我们都知道如何赢得孩子的信任。我们可以轻轻地、没有压迫感地回应他的表情，一次又一次地向他微笑，远远地给他展示玩具，不靠近他，朝他挥手，偶尔和他妈妈微笑着交谈。只有当孩子露出对我们感兴趣的表情时，我们才去直视他的眼睛，用亲切、愉快的声音开口说话，冲他眨眼睛。如果他微笑着回应，那么我们可以伸出手，做出“你想来找我吗”的姿势。只有当他伸手回应时，我们才能抱他，但要做好他立即想要回到母亲那儿的准备。

如果没有家长陪伴，想让孩子与我们单独相处的话，就必须经过更长的时间，在此期间，要不断向他证明自己是安全可靠的。

重要规则！家长有时候会破坏儿童的这套安全程序。家长坚持让孩子去交际，当孩子表现出害羞或戒备陌生人的表情时，家长会斥责或嘲笑孩子，在众目睽睽之下强迫孩子要表现得“有礼貌”，强迫孩子与电梯里的乘客或邻居打招呼。对于一个小孩子来说，这是不自然的，是令人痛苦的，孩子更希望妈妈或爸爸把他的脸埋在胸前。如果孩子已经会站立的话，他会躲在大人的身后，更希望家长一边安抚他的头，一边继续与其他成年人交流，让他慢慢习惯，慢慢观察。

通常来说，如果一个陌生人举止正常，那么在15到20分钟内，孩子就会和陌生人熟络起来，之后的交流都会顺利进行。如果陌生人不执行建立信任的“仪式”，“责怪”孩子不和他打招呼，疾言厉色地训斥孩子，压迫性地盯着孩子的脸，孩子就会转身背对陌生人甚至哭泣，这一点儿都不奇怪。

对于父母来说，重要的是要明白：孩子正在执行安全程序，他只是想要确保自己安全，他并没有责任给喜欢交际的邻居带来快乐。当母亲坚持让孩子破坏令自己感到安心的安全程序时，我们能想象到孩子内心的感觉吗？

请想象一下，父母对孩子说："去那边空地上玩球吧，安娜·彼得罗夫娜非常喜欢和你一起在那儿玩！"这种要求有点荒唐吧？对于一个孩子来说，强迫他与陌生的成年人接触，同样是荒唐的行为。

随着孩子年龄的增长，他遇见陌生人时的紧张感会慢慢减弱，但**区分自己人和外人仍然是他安全生存的根基之一**。接下来，我们来了解这一点为什么如此重要。

不可替代

区分自己人与外人，与依恋的重要属性——“选择性”相关。在这种关系中，那个独一无二的人对我们很重要。

当我们到理发店理发时，我们会与理发师聊天并建立非正式联系。但是，如果他剪得不好或待人不礼貌，那么我们会毫无负担地将他换成另一个手艺更好或更礼貌的人。当我们找到一份新工作时，对我们而言，重要的是我们的同事足够专业，足够可靠，能与我们保持良好的合作关系。我们能够很快地习惯和他们相处，但如果明天他们中的某个人被更专业、更尽责且更少挑起冲突的人取代，我们不会感到难过，甚至会暗自高兴。这种关系是不加区别的，对一起工作的同事而言，我们更关注的是他们的能力、他们的素质和做事的愿望，而不是他们本人。

依恋就是另一回事了。当我们想到孩子时，意识的理性部分当然会告诉我们，有比我们的孩子更聪明、更漂亮、更健康、更有天分的孩子。但是，想象一下，如果有人提议用最好的、最漂亮的孩子交换我们的孩子，我们是不是会同意？毫无疑问，我们绝对不会同意这个提议。我们只要自己的孩子，这就是依恋。我们深深地爱着我们的孩子，他不仅仅只是扮演“我的孩子”的角色，还是一个独一无二的人。

如果由于某些原因，孩子无法将周围人区分为自己人和外人，例如孤儿院中不断换人照料孩子，这可能会对孩子的个性发展产生非常严重的影响，他的依恋可能变得不加区分，变得模糊。谁爱抚他，谁给他饭吃，谁就是自己人。这也就意味着没有人是真正的自己人，孩子对任何人都没有深厚的依恋。

在洛伊丝·劳里（Lois Lowry）的反乌托邦作品《赐予者》（据此拍摄了同名电影）中，人们在生活中放弃了感情，对他人的依恋也毫无区别。乍一看，这是一个理想的世界，所有人都互相珍视，没有争执和嫉妒。父母和老师永远不会生孩子的气，他们富有理性和耐心，细心照顾他人。孩子们也从不打架，不任性胡闹，每个人都时刻准备着帮助他人。

考虑到这种家庭和婴儿的特殊性，在孩子满周岁后，他们被分发给父母，而且可以让父母选择。如果某个孩子被证明是“多余的”，社会可以轻易地放弃他，而且没有人会介意，甚至抚养他的人也不会介意，因为除了他之外，还会有更健康、更好的孩子出现。

故事越深入，这个“理想”的世界就越可怕。一个没有选择性的依恋的世界，让人不寒而栗。

延伸阅读

在一个看似非常完美的社会里，人们的生活都被安排得井井有条，他们不用决定工作，不用决定配偶，这些社会都已经替他们做好了决定。这个世界里也没有记忆、感情、颜色以及音乐，他们只拥有最基本的生活需求。但是有一个人例外，也就是少年乔纳斯。他被选中从被称为“赐予者”的老人那里接受训练，一个人去承担整个社会该有的记忆。他必须独自承受痛苦、恐惧和孤单，同时也知道了什么是温暖、幸福和爱，因此他得到了以前所不曾有过的经验。然而，当他知道得越多，越发现这个世界的虚假，于是有了想要离开的念头……

依恋的选择性注定了我们会为亲人感到焦虑，因为他们无可替代。在与他们分开和失去他们时，我们会感觉痛苦，因为再也没有另外一个他。依恋的选择性还会使我们为亲人而战，为拯救他们去冒险或牺牲自己。与他们见面的几分钟，与他们在一起的短暂时光，即使我们没有做任何特别的事情，只要我们在一起，能听见、看到、感觉到彼此的存在，都会带给我们无与伦比的幸福感。

依恋的选择性使我们非常脆弱，也非常坚强，可以说它使我们成为真正的人。

第三章 从1岁到3岁——征服世界

孩子现在1岁了，他已经是个小大人了。他学会了站立，开始尝试自己走路，同时可以说好几个词语。

如果生下来的第一年生活很顺利，他将带着父母给予他的最宝贵的礼物——深厚依恋，以及依恋带给他的自信、坚强、安全感和探索世界的力量，迎接第一个生日。

探索世界，这是他的下一个任务。

这个时候，他会尝试抓住一切他能抓到的东西，比如猫、手机和妈妈的新鞋。年轻的妈妈爸爸们，请从椅子上站起来吧！现在你们必须跑起来，因为伟大的事业正在等待着你们的后代。

跟着我

孩子在大约 1 周岁时，开始从父母的双手中挣脱出来。在接下来的两年时间里，他会围着父母转，特别是围着“妈妈的裙摆”转。

有趣的是，在俄语（和其他语言）的某些方言中，有一个单独的词来指代这个阶段年龄的孩子，就是“юбошный”[1]，意指周岁到 3 岁。

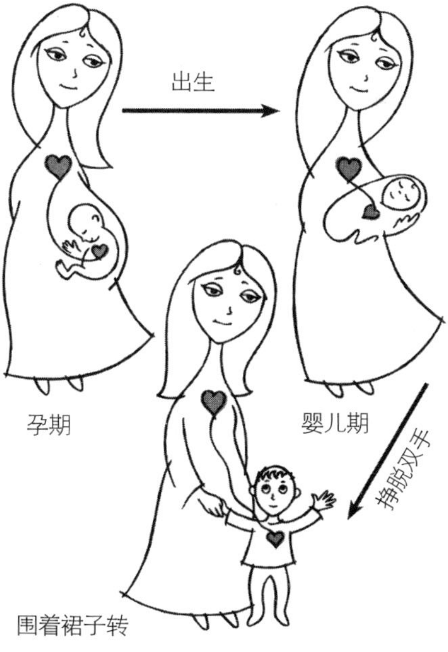

[1] 与俄语中表示裙子的单词 юбка 是同根词。——译者注

最重要的是，孩子的基本愿望是与家长在一起，最好一直在一起。

在婴儿期，由于不会自己行动，他的选择不多，只有尖叫哭喊。实际上，一个小小的、不能独立行动的动物幼崽，如果危险来临时父母不在身边，它能怎么办呢？它不会战斗，也不会逃跑，更不会狡猾地躲藏起来，它唯一的指望是父母能够回到它的身边，并很快把它带到安全的地方，或以某种方式应对威胁。幼崽自己能做些什么呢？只能做一件事：待在原地，发出危险的声音信号，这样父母就能很容易地找到它，不用在高高的草丛中浪费时间。

“待在原地并大声尖叫”，这是出生后第一个也是最原始的程序。如果父母反应敏捷，富有责任心，那么孩子在出生后的第一年可以顺利度过。

终于，孩子学会了克服重力，尽管暂时他还只会爬，但这也是一个奇迹，对他来说是非常必要的！现在，他可以在需要的时候自己主动去寻找妈妈了。

此后，孩子的行动能力迅速发展，这很正常。笨拙爬行，然后转变为迅速爬行，孩子终归会朝着父母、朝着他们伸出的手臂迈出第一步，这是多么幸福的一件事呀！此后，他不再需要等待成年人的许可，想走就走。再后来，他甚至会跑了。对于小生命来说，实现最重要的愿望，满足最基本的需求，是他们成长最有力的刺激。

为了确保生命安全和成长发育，最重要的行为程序——“跟随行为”从这个阶段开始建立。

几乎所有的哺乳动物和众多鸟类幼崽都有跟随程序，无论妈妈走到哪儿，幼崽都会跟着她，形影不离。它们从不自己决定去哪儿，也不选择路径，不考虑行动方案，没有“向左走”“向右走”的意识。幼崽生存的一条重要经验是：跟着成年的亲人走，因为它们知道要去哪儿。

小象会用长鼻子触碰大象尾巴，小鹿为了防止在奔跑时跟丢妈妈，会朝着妈妈尾巴下面的一个明亮的白色斑点奔跑，小鸭子会用滑稽的碎步跟在鸭妈妈身后……婴儿则是牵着父母的手或抓住父母的衣摆，亦步亦趋地跟在身边。

跟随行为是一个非常复杂的程序，因为孩子需要同时做几件事：保证快速移动的家长在自己的视线范围内，评估自己与家长的距离，看自己有没有落后，家长有没有加快速度。同时，孩子还要看着脚下以免摔倒。成年人只管向前走，根本不用顾及这些。这个程序很复杂，孩子不会在一天之内学会跟随，他需要时间来掌握这些技巧。

大家已经见过多次，在孩子尚未完全学会跟随时会发生什么。

一个大约1岁半的孩子和他的妈妈一起去某个地方，

比如说诊所。他要么牵着妈妈的手，要么紧随其后。突然，他看见脚下有一些好玩儿的东西，或者他只是打了个哈欠，就放慢了脚步。妈妈继续向前走，走了几步之后她转过身，看到婴儿落在后面，就喊他：“快点儿跟上！”

如果妈妈只是走了几步，孩子还能追上。但是，如果他落下几米远的话……

孩子突然发现自己处于陌生的地方，在陌生的大街上，在陌生人中间，妈妈离他很远，他马上就会变得焦虑不安。此时他还不太会走路，跟随行为掌握得还不够熟练。在这种情况下，婴儿原始的万用程序开始启动并发挥作用：待在原处，发出声音信号。于是孩子一动不动，开始大声哭喊。

如果妈妈听到哭喊声，走回他身边，拥抱他，牵他的手，那么一切就会好起来。

如果妈妈很紧张，着急地在远处催促：“走快点儿，宝贝儿，我们要迟到了，医生要下班了！”孩子会变得更焦虑，同时更固执地留在原地，甚至会坐在地上开始大哭。孩子这样做不是由于自己受到了伤害，也不是想违抗妈妈的命令，只是本能告诉他要这样做，他做了他应该做的。

如果妈妈认为这是个合适的教育他的时机，于是开始责骂他，或者更糟糕的是，威胁要留下他一个人离开，那真是一场灾难。“好吧，你就坐在这儿哭吧，这孩子太不听话了，我自己走了！”这时，旁边可能会不失时机地出现一个面容和善的老奶奶，假装严肃地对他说：“现在谁不听妈妈的话，我就把他带走。”

想象一下这种情况有多恐怖吧！此时孩子像被困在原地一样，如果有一把工兵铲的话，他都要挖出一条战壕来了。他已经在绝望中大声喊叫了，当然，他不会去妈妈那儿。现在，即使妈妈回来找他（她又能去哪儿呢），也要花很长时间才能安抚住他，让他停止哭泣，并说服他再次跟着自己向前走。如果这种情况经常发生，孩子会变得焦虑不安，跟随行为的形成过程也会延长。这种情况下，孩子不会自己走，而是挂在父母身上，因为他害怕父母会离开他。

有趣的是，如果有一个5岁左右的大孩子和他同行，这个大孩子通常是第一个知道发生了什么事的人。大孩子会回到这个哭泣的孩子身边，牵着他的手将他带到爱说教的母亲身边，这时他好像还没有忘记曾经坐在那里哭喊并听到妈妈说“我现在就扔下你离开”的那种感觉。

只有当孩子快3岁的时候，他才能形成熟练、稳定的跟随行为，并且可以肯定的是，他在快 6 岁时才能在人群中跟上父母。即使能跟上父母，但在他被突然推开而又看不见父母时，也会很快地执行同样的程序——“待在原地哭泣”。即使在一个人满为患的超市中，对小孩子来说，这仍然是最佳选择和最有效的办法。这就是我们一再向孩子强调的：如果迷路了，就待在原地别动，别去任何地方，我会找到你的。

稳定的跟随行为对于儿童安全来说非常重要，尤其是当他在生活中不得不经常面临危险时。从这个角度来看，一些游牧部落在生育孩子时，习惯于控制孩子之间的年龄差，这种现象就不难理解了，毕竟一个成年人不能长时间同时怀抱两个婴儿。如果一个孩子躺在怀里或黏在母亲身上，另一个孩子能自己跟着跑，这一点对于游牧部落很重要，这意味着两个孩子之间的年龄差至少为 3 岁。

正因如此，在游牧部落，孩子出生后，夫妻对恢复性生活的时间有严格的要求。长者会以一种原始的方式决定是否允许丈夫再次进入妻子的帐篷：朝婴儿扔厚重的羊皮帽子。如果孩子站得稳，不摔倒，意味着他已经走得很好了，能紧紧地跟随父母。如果他跌倒了，意味着父母请求“两情相悦”还为时过早。

跟随行为不仅对于空间移动非常重要，从更普遍的意义上讲，跟随还是一种模仿行为。像家长那样做事，是任何孩子天生固有的基本行为。正是通过模仿父母，孩子学会了他一生中最重要的生存技能：走路、说话、使用物品。所有这些都不是专门学习的结果，而是简单的模仿。孩子会研究它们并重复练习，直到这些动作能够顺利完成为止。

跟随行为的另一种表现是服从，即遵从父母的指示。对于某些人来说，这种想法也许出乎意料，但是，实际上孩子天生是听话的。**无论从字面上还是隐喻上理解，跟随家长都是依恋程序的一部分。**即使以最固执、最不听话的孩子为例，虽然他的执拗经常让父母大发雷霆，但我们仔细观察他，细数他一天中有多少次服从父母，有多少次不服从，就会发现服从行为是不服从行为的数倍之多。

父母没有注意到自己对一个孩子发出了多少条指令："来这里……""让我给你擦一下鼻涕……""站 1 分钟……""尝试……""把手给我……""你走开……""张开嘴巴……""看我有什么……"一整天都是这样，这是正常现象。

孩子还很小，没有生活经验，他需要成人指导，并且会很自然地遵从家长的指示。虽然有时他会固执地拒绝、不理解或无法停止一些行为，但总是有特殊原因的。通常情况下他会服从，这也是一种跟随行为。

现在我们知道，当婴儿挣脱父母的双手并获得行动自由时，他能将人分为自己人和外人。这一点非常重要，为的就是只跟随家长，跟随知道自己有孩子、负责任、了解孩子的人。

与幼儿打交道的心理学家、医生和治疗师都知道，第一次见面时，孩子会看看家长的态度，直到家长点头，孩子才会执行每项任务和指示。在孩子开始配合老师之前，任何人都不会将孩子留在他没有相处过的老师那里，哪怕是最有经验的老师也不行。跟随行为让孩子明白：听自己人的话，在自己人允许之前，不要听陌生人的话。必须承认，我们想不出其他比这更合适的做法了。

> 想象一下，你坐在电车里，对面坐着一个三四岁的孩子，他很无聊。你包里恰好有糖果或有趣的图片。你将糖果或图片拿出来并递给他：“想要吗？”
>
> 接下来会发生什么？
>
> 即使你的礼物非常吸引人，孩子也一定会扭头看看他的家长，仿佛是用眼神在询问：可以吗？只有在家长点头、微笑和允许之后，他才会伸出手来接受礼物。这一过程非常迅速，而且看起来很自然，通常人们甚至注意不到孩子对父母的短暂征询。
>
> 我记得这样一个有趣的事儿。在我拜访朋友时，他

们准备了草莓冰激凌甜点。他们大约两岁半的儿子很快吃完了自己那一份儿，显然他还想要更多的甜点。我把汤匙上的草莓递给他，他张开嘴巴……然后跟随行为的程序开始启动了。这时他忽然停住，望向妈妈。妈妈正好转身在和别人聊天，然后他靠在桌子上，嘴巴对着汤匙，张着嘴等了将近1分钟。直到我喊他妈妈，妈妈向他点了点头，他才立刻吃下草莓。

重要规则！孩子服从的意愿不是由斥责和教训、惩罚和奖赏决定的，而是取决于依恋的质量。与父母之间的联系越坚固可靠，他们对孩子来说越是“自己人”，孩子服从他们就越自然，至少在得到他们的允许之前，他们不会服从陌生人。

如果不想让孩子在年龄较大时“受到不良影响”，父母应该尽量使自己和孩子之间的依恋更可靠，更牢固，以便他对依靠你有信心。在任何情况下，你都应该成为保护和关爱他的可靠之人，你的价值观将构成他的个性基础。即使多年以后，对他来说，你都是最权威的人。天性让孩子站在父母这一边，父母最重要的任务是扮演好自己的角色。

战胜距离

孩子结束“围着裙摆转”，也就是3岁左右。这时，父母照顾、保护孩子的能力会上升到一个新的水平。

孩子1岁时，如果他爬到不该去的地方，只有一种方法可以阻止他，那就是走近他并把他抱离危险的地方。如果坐在房间的另一边，对1岁的孩子大喊：“不要往那儿爬！不可以！”这种喊叫完全没有意义。

3岁的孩子就是另外一个样儿了。他不仅能坚定地跟随父母，还能坚定地跟随父母的指示和命令。父母可以警告他：“等一下！那里有汽车！”可以通过语言去指挥他：“天凉了，去穿上外套。”如果他想喝点儿什么，而父母正忙着或懒得起来，可以指挥他：“看，桌子上有袋牛奶，在那边的架子上有个杯子。去拿杯子，把杯子放在桌子上，然后小心地把牛奶从袋子里倒出来。别把杯子放在桌子边儿上。做得好！”孩子喝饱了，父母却没动一根手指。

这是父母的新式武器，相当于对孩子有了遥控器，父母与孩子的联系变得有了张力，就像一条松紧带。父母可以远距离用话语而不是直接用行动来执行依恋程序——保护和照顾行为。此时，父母把对孩子安全和幸福的责任一部分转移给了孩子，尽管到目前为止，还只是转移了很小一部分。

在掌握了跟随行为和语言之后，孩子现在可以远离母亲的裙摆去探索世界了。在这个阶段，父母的声音和指令一直伴随着他，在不熟悉的环境下保护他，指导和帮助他，给他安全感。

一年冬天，出现了这么一件事儿。儿童滑雪场有很多孩子，那里只有一个滑雪道，大家都需要排队滑雪。滑下来的人必须迅速起身离开滑雪道，以避免扎堆儿和冲撞。大一点儿的孩子能理解这一点儿，滑下来后就迅速跳了出来，小一些孩子的父母则在滑雪道上面大声叫喊，让孩子赶紧离开滑雪道。

一个大约3岁半的小美女有模有样地从滑雪道滑下来，她的小脸儿红彤彤的，睫毛长长的。她一滑下来，母亲就在上面喊道："索尼娅，快离开！"索尼娅站起来离开，一切都很顺利。

索尼娅再次滑下来时，妈妈正在打手机，分心了，没有及时提醒和催促她，所以她没有急着离开滑雪道。她眯着眼睛在阳光下坐了一会儿，然后站起身，但没有离开滑雪道，她开始仔细拍掉屁股上的雪。

上面的家长非常紧张，其他父母大声喊道："小姑娘，快离开！"索尼娅没有在意。有人记得她的名字，大喊：

“索尼娅，快离开！”索尼娅也完全不在意，就像没听见一样。这些人都是谁，他们为什么叫喊？哪怕所有人都开始高声喊叫，跟我有什么关系呢！

这时，她的妈妈终于注意到滑道上发生了什么，大声喊道：“索尼娅，走开！”索尼娅听到后，立刻走到了一边。这是妈妈的声音，对索尼娅来说，这是唯一重要且需要服从的声音。

索尼娅已经长大了，她已经能很好地区分自己人和别人，并且她的跟随行为层次较高，是在语言层次上的。她做事一直很镇定自若，对于自己的表现也相当满意，她相信自己就像妈妈说的那样，做对了所有事情。

服从父母的指令和语言要求的能力，实际上是孩子成长过程中的一个巨大飞跃。依恋的绳索慢慢伸展开，**依恋开始跨越距离**。这意味着孩子现在可以去离父母更远的地方了，而且父母的保护和照料会一直伴随着他。

这会打开多么宽广的行动空间啊！

终结者的秘诀

比较一下 1 岁和 3 岁的孩子，大家会发现前者还是一个无助的婴儿，走路时步履蹒跚，很费力才能说出几个单词，几乎在任何事情上都无法照顾自己，没有成年人的保护和照顾他会失去生命。

仅仅过了两年，站在我们面前的他已经是一个小大人儿了。他可以自由行动，如走、跑、跳、攀爬、挤捱，如果他愿意的话，几乎可以到达任何地方。他会说话，能讲简短的句子，可以清楚地表达自己的意愿。会自己做事，如吃饭、穿衣、大小便，会使用工具和物品，如铅笔、刷子、剪刀等，会骑自行车，玩跷跷板，堆沙子，玩积木。他能认识到自己的需要，有欲望并能制订行动计划，同时表现出对实现目标的执着。

原则上，如果没有大城市人为制造的危险，那么 3 岁的孩子可以在没有成年人的帮助下，自己安全地度过一整天。3 岁的孩子可以自己吃饭，自己喝水，自己玩儿，如果有什么需要，他会向父母或成人提出要求。

我们看到，1 岁孩子和 3 岁孩子之间的差异，几乎就像蝌蚪和青蛙之间的差异那样大，他们就像完全不同的生物。在短短两年的时间里，他的各项能力突飞猛进，像这样密集地学习和发展个人技能的情况，以后不会再有了，也不会再获得对生活质量来说如此重要的生活知识和生存技能。

> 让我们做一个简单的实验。想象一下，我们突然忘记了所有在学院或大学学到的高等教育知识，这对我们的生活质量有什么影响吗？如果不是在擅长的专业领域工作，对一个人的生存来说，几乎没有什么影响。我们随时都可以换一份工作，这种情况现在很常见。
>
> 再想象一下，如果我们忘记了所有中小学学到的本领，如数数、写字、阅读，那么生活质量必然会明显下降，很多事情会变得困难或无法做到。但另一方面，在一个大多数居民都不识字的国家，没有这些本领似乎也无所谓，我们的祖先就是这样过来的。他们每天外出劳作，与家人相亲相爱，耐心抚养孩子。总的来说，他们日子过得很成功，也很幸福。只要能获得足够的食物，有遮风避雨的居所，那么就可以幸福地生活。
>
> 那么想象一下，如果我们忘记了从1岁到3岁学到的一切，如自己吃饭、走路、上厕所、穿衣、说话、使用工具和物品，这可真是一场灾难。这种情况经常发生在人严重中风之后，发生在脑外伤事故之后，情况确实非常糟糕。出现这种情况，已经很难谈及生活质量了，

处于这种状态的人完全失去了独立性和自理能力。

也就是说，决定我们生活质量的最基本能力，实际上90%是从1岁到3岁掌握和获得的。之后才是小学、中学和大学3个阶段的学校学习，那是一幅简单的图画，是在大量基础知识和技能基础上发展出来的。在1岁到3岁这段时间里，除了吃饭和睡觉以外，其他所有时间，孩子都在一直忘我地学习、尝试，以便掌握新的知识和技能，提高自己的生存能力，并表现出奇迹般的恒心和毅力。

孩子在玩搭积木游戏时，总是无法一次成功，要么是轮子滚动导致失败，要么是中轴插不进对应的孔里。失败了十几次上百次，他依然乐此不疲。成年人如果尝试几次不成功，早就会放弃，认为这不适合自己，自己没有这个能力，也没有这个命。但孩子不是这样，他一次又一次地尝试，从不失望，从不放弃，从不认为“这不适合我”“我没有这个能力”。他就像训练中的拯救者一样，始终不偏离目标。

那么问题出现了：他是怎么做到的？这种连成年人都会放弃的事情，孩子能够做到不放弃，根源不在身体的力量，而是精神的力量。那么，这种精神力量是从哪里来的？

现在是讨论依恋的另一个重要意义的时候了。

20世纪70年代，由德涅克·马提切克领导的捷克心理学家对依恋理论进行了深入研究，他们还拍摄了电影，直观展示依恋是如何表现出来的。影片讲述了与父母同住的孩子和来自儿童之家的孩子的生活故事。

当妈妈在厨房做饭时，一个看起来1岁多的男孩正在家中“探索”房间。他走近一个柜子，柜门“吱呀”作响，这引起了他的兴趣。他打开柜门之后又关上，结果手指被夹住了。他受伤了，手指很疼，他很害怕。很明显，对于这样的事情，他的脑子里有一个明确的策略，那就是大声哭喊着去厨房找妈妈。

妈妈听到哭声，急忙从厨房出来看发生了什么事儿。他们碰上了，妈妈把他抱在怀里，亲吻了他几下，抱了他一会儿。他得到了安慰，不再哭泣，妈妈就把他放了下来。

猜猜看，接下来他会做什么？他立即走向那个柜子，要弄清楚那里到底是怎么回事。他已经接受了世界的挑战，并且不会放弃。

接下来，影片又讲述了一个大约相同年龄但是生活在儿童之家的孩子的故事。他也发生了不愉快的事：孩子们跑过去，从他手中抢去了一辆玩具汽车。他失去平衡，倒在了地上，接着哭了起来。

显然他没有任何指导行动的策略，保育员就在附近，但他没有去找保育员，也没有尝试把玩具汽车要回来。他什么也没做，只是表现得有些失落，显然他探索世界的行动已经停止很长一段时间了。

从影片的案例中我们看到了什么？当孩子的努力遇到对他来说过于复杂或痛苦的障碍，以至于连他自己都缺乏耐心时，他会去找妈妈解决问题。如果自己努力也无法解决问题，如果一切都崩溃了，如果被伤到或吓到了，他总是有机会向成年的亲人寻求安慰，这个人可以是妈妈、爸爸，也可以是就在身边的祖母、保姆或其他人。此时他想得到他们的拥抱，想钻入他们的怀中。也就是说，实际上他回到了婴儿期，好像暂时变回了从前，像躲进茧里一样钻进父母的怀抱，躲进父母的关爱中。

心理学家使用“心理子宫”这个词来描述这种情况。这是一种令人平静、获得安慰的关系，可以让人们远离生活的痛苦。

拥抱通常是人类面对困境时普遍接受的一种抚慰方式。人是社会生物，我们的祖先一直生活在一个相当危险和充满敌意的世界里。在这个世界里，人们只能寄希望于部落同胞提供安全感，只有在自己人的圈子里，感受到同伴的抚慰，听到他们的声音时，才能放松自己，停止搜索身边潜在的危险。

从实用的角度看，这种行为有时看起来很奇怪。有一部灾难片中，主人公和整个人类都将死于海啸、陨石坠落或巨型穿山甲的进攻,情况非常糟糕,危险不可避免。这时片中的主人公会做什么呢?

他们会拥抱在一起。客观上,他们都无法保护自己或他人免受即将来临的死亡威胁,但他们会扑向彼此的怀抱,仿佛拥抱能拯救他们。拥抱确实以一种奇怪的方式赋予了他们继续前行的力量,至少让他们感到不再那么害怕。

拥抱是我们面对世界上所有威胁和死亡的一种回应,我们必须承认这种说法有一些道理。

一个人成为另一个人的心理子宫这种能力,以及给予安慰,让人平静和“接受”他的感觉的能力,称为情绪接纳能力(源于“容器”一词),其含义类似于心理子宫。接纳什么呢?接纳那些人们无法独自应付的感觉,包括痛苦、恐惧、委屈和失望,接纳那些人们在巨大压力下所经历的一切。

让我们仔细研究一下这种机制。有时生活中的一些事情并不总是如我所愿,我们会遭遇失败,会失去重要的东西,需求可能得不到满足,或者担心这些情况将来会发生。

最简单的例子是,孩子看到架子上有一个漂亮且闪闪发光的东西,他想拿到手,但架子太高了,他够不到。这时对于满足他的需求来说,就存在一个障碍——**挫败感**。“我真的想要,但我拿不到。”

人类应对挫败感的第一反应是行动起来，破除拦路的障碍。孩子会一次又一次地尝试，他踮起脚尖，竭尽全力伸手去够，但还是够不到。然后他环顾四周，把椅子拖到架子旁，鼓起勇气再次尝试。这次他仍然满怀希望，努力克服障碍。如果站到椅子上仍然够不到，他也不会泄气，还可以让大人帮助获得这个他想要和需要的东西。如果他们没有马上提供帮助，他会再次提出要求，直到达到目的。

也就是说，他首先展开 A 计划——克服困难，竭尽全力，努力尝试。此时，他体内会分泌压力荷尔蒙，加快身体新陈代谢，以更快地行动和思考，尽最大努力克服障碍。在大多数情况下，他会成功地得到他想要的东西。他拿到了想要的物品，最终获得了成功，随之而来的是巨大的喜悦，压力也荡然无存。

有时障碍没有消除，比如爬上椅子后摔倒受伤了；伸出手仍然够不到；请大人帮助但遭到大人的拒绝。这时压力荷尔蒙在血液中就要沸腾了。

他做出努力并采取了行动，但没有达到目的，这时该怎么办？那就是实施 B 计划——虽然受到挫折，但此刻要平静下来，接受失败，忍受挫败感并进行自我安慰。也就是说，从采取行动转为接受挫败，从压力状态转向另一个状态，不是转向成功和喜悦，而是转向妥协和伤心。这时眼泪[1]是一个好帮手，哭泣会使人放松，他内心积聚的压力有了“释放”的机会，并且压力荷尔蒙分解后会随着眼泪排出。顺便说一句，体内长时间积聚大量压力荷尔蒙是非常有害的。

> 我们能感受到孩子沮丧、哭泣时的脾气变化。起初是表示抗议，这时与其说是在哭，不如说是在喊叫，他会流几滴眼泪，面部表情和整个身体都很紧张。这种叫喊是刺耳的高音，“啊！啊！啊！”他握拳、跺脚、闭眼，表明他很生气。我们要立即按照他的意愿去做，别给自己找任何借口，要么截然相反，让他立即收起这一套！
>
> 随着抗议被伤心和委屈取代，孩子此时会泪流成河，“呜呜呜……”整个身体变得柔软无力，低声哭泣会持续很长时间。此时他不再斗争，不再提出要求，只想得到怜悯和安慰。

一旦人们遇到挫折，了解如何应对挫折，战胜挫折，以及如何妥协和放松下来，对每个人来说都很重要。就像古老祈祷文说的那样：“上帝，请赐予我平静，去接受我无法改变的。给予我勇气，去改变我能改变的。”

---

[1] 戈登·纽菲尔德（译者注：加拿大心理学家）诗意地称这些眼泪为“徒劳的眼泪”。——作者注

1岁孩子和3岁孩子的智商也有区别，尽管对3岁孩子来说，谈智商还为时尚早。大多数情况下，这个年龄段的孩子只是按顺序行动，首先尝试A计划——努力突破阻碍，如果不成功，则实行B计划——哭泣与妥协。

从A计划到B计划，从抗议到悲伤，情绪接受能力是必要的。从采取行动到接受挫折，在这个过程中，人们需要与自己和解。在这一刻，我们必须停止与世界做斗争，并学会接纳现实。我们要将精力贯注于自己，跟着感觉走，让自己暂时失去警惕性，允许自己泪流满面，允许自己惊慌失措。

如果这时周围没有保护性的“茧”，没有能安抚你情绪的人，没有心理子宫，没有人通过行为向你表明“依靠我吧，此刻我对你的安全负责，保护你免受世界的伤害，你只需放松心情，释放压力”。那么人们就很难坦然接受挫折，与自己和解。

> 让我们回顾一下好莱坞经典动作片中的故事情节。
>
> 一个女孩被坏人绑架，她的父亲或男朋友来救她。在电影情节发展过程中，被坏人绑架的女孩展现出了奇迹般的毅力，她没有失去理智，一直在思索逃生的计划，她敢于让坏人明白自己是不会被击垮的。危险不允许她号哭，她的血液中充满了压力荷尔蒙，她将恐惧和软弱抛在一边，为自己的生存而战。

最终，她的父亲或男朋友将坏人一网打尽。他穿过大火，在爆炸声中走向女孩，两个人紧紧地拥抱在一起。

这时，勇敢而坚毅的女主人公会做些什么？当然是哭泣！她埋在爸爸或男朋友宽厚的胸膛里抽泣，转眼之间变成了一个无助的孩子。

这种行为是非常正确的，这是预防应激障碍的最佳方法。一旦出现可以接纳自己情绪的人，最好的办法就是立即停止“自我克制”，将压力集中释放出来，并在安全的怀抱中放松下来。后叶催产素[1]这种荷尔蒙会像强大而温暖的海浪一样将压力带走，血管和肌肉得到放松。第二天，这个女孩就像获得了新生一样，开始为婚礼做准备。

当然，生活中的压力并非都像电影中主人公承受的压力那样大，成年人通常可以在没有他人帮助的情况下从采取行动转向接受挫折。比如，公共汽车从眼前开走了，我们追过去，但没赶上，我们不会因为这样的小事儿就去寻找安慰和拥抱，我们会懊恼地

[1] 瑞典和英国科学家发现了一种叫作后叶催产素的荷尔蒙，它能抑制人与人交往过程中产生的一些焦虑情绪。研究人员指出，后叶催产素能推动人们乐于参与社会活动。人体在分娩和哺乳等情况下，会大量分泌后叶催产素，它能够产生止痛或镇定的作用。研究证明，后叶催产素对杏仁核有直接影响，杏仁核是人脑内影响社会交往和感知情感威胁的关键区域，负责处理和储存情绪反应。——编者注

咒骂一句就得到了安慰。再比如裤袜破了，馅饼烤糊了，汽车被刮花了，我们会叹气，会沮丧，但我们可以自己应付这些情况，因为我们知道如何进行自我安慰。当我们的家长接纳我们的情绪时，我们就已经学到了这一点。

但是，如果没有人接纳我们的情绪，当压力很大时，我们将很难应付。因此，在人际关系中，我们一直或多或少地成为我们亲近之人的心理子宫，我们自己可能并没有注意到这一点。接纳别人情绪的行为以及跟随行为，是我们这一物种特有的无意识的社会行为。

想象一下，你正在工作，突然间同事接到电话，被告知他家人发生了不幸。得知消息后他很震惊，此时你会毫不犹豫地接纳他的情绪：你会隔绝他与外部的联系，用身体护起他，搂住他的肩膀，将自己所有的注意力都集中在他身上。你会表现出最基本的关心，给他倒水，帮他挪椅子。如果此时有一个毫不知情的人进入房间，打算问一些问题，你会以某种信号和眼神示意他，以免他闯入你建立的保护圈。这一切无须计划，接纳他人情绪的行为会自动开启。你的同事因为亲近之人生病了，压力很大，你就会为他创造一个保护圈。

对于某些特定的人如自闭症谱系障碍患者，或童年时从未得到过他人帮助，需要自己解决压力的人来说，接纳别人情绪的行为可能不会自动开启。

儿童比成年人更容易感受到压力，他们的神经系统还不够成熟，在应对压力方面也缺乏经验，因此，他们在遭遇挫败时会感到非常沮丧甚至痛苦。如果孩子想要得到什么，或者不喜欢什么，这种感觉会牢牢地抓住他，没有任何妥协的余地，也没有任何其他选择，甚至没有合理的借口。压力会紧紧地抓住他，把他卷入漩涡，孩子很难接受挫折。如果没有人接纳他的情绪的话，他将无法应对挫折。但是，如果**孩子在依恋方面发展一切顺利，有家长可以依靠，家长总是准备好拥抱他，心理子宫对他来说就是挫败之后浴火重生的神奇方舟。**

有一部很受欢迎的科幻电影。

在与外星坏人发生冲突后，受伤的主人公由于坚韧不拔的勇气，以及忠实朋友为他做出的牺牲，他终于回到了自己人身边。

太空舱中缠绕着各种电线，舱内冒着气泡，灯光闪烁。主人公躺在舱中，周围站满医生，他们透过玻璃担心地看着他。很快他就完成了身心修复过程，准备离开太空舱，再次去拯救世界。此时他就像获得了新生一样，甚至比原来更强大了。

孩子探索世界的强度如此之大，以至于生活中充满了困难和危险。被各种挫折折磨得遍体鳞伤的他，几乎以同样的方式在父母的怀抱中重获新生。他从父母那里获得安全感和关爱，就像飞离母舰执行侦察和战斗任务的舰载机一样，每次返回基地时都会得到修复并加满油料。

在这个年龄段，晚上上床睡觉的仪式对孩子们来说特别重要，这一点对大家来说也不足为奇。孩子们希望睡前父母能抱着他，轻摇他，在他旁边躺下，给他唱摇篮曲。这种摇篮曲听起来像是在低声倾诉，仿佛为孩子白天经历的所有痛苦感到悲伤，仿佛在安慰他。这是一首经常听到的摇篮曲，大意是明天将是新的一天，婴儿将重新站起来并获得新的进步：“一百条道路，一百条道路向你敞开。”

当孩子经过重重险阻，渐渐长大，甚至可能长得比你还高时，某一日子他可能会对父母说：“和我一起坐下来，和我一起躺下吧。”对他来说，在父母怀抱中结束这沉重的日子，听父母深情、舒缓的话语非常重要。不仅儿童，连成年人也不会拒绝这种事情。

这个阶段，孩子应对世界的秘诀很简单：及时攀上父母的双手，由此获得新生。

冷漠的保护壳

如果父母不接纳、包容你的情绪呢？如果他们没有给孩子使人安静、获得安慰的拥抱，而是冷漠地对待孩子，或羞辱他，打骂他，威胁他，结果会怎样呢？

> 比如在散步时，有一条狗咆哮着冲向孩子，差点咬到他。孩子受到了惊吓，他很害怕，承受着巨大的压力。此时父母的表现分两种情况，让我们比较一下这两种情况。
>
> 第一种情况：与他同行的父母立即将他抱在怀里，直到狗被主人喊回去都一直抱着他。然后父母安慰孩子，允许他哭泣，并答应他绝不让任何狗伤害到他。
>
> 第二种情况：父母认为必须把他培养成为一个真正的男子汉，于是开始教训孩子，向他灌输狗并不可怕的想法，“没有什么可害怕的”，甚至带孩子朝着狗的方向走过去。或者父母自己也感到害怕，一点儿都不镇定，丢下孩子尖叫着跑开了。或者父母撇下孩子，去和狗主人吵架，然后愤怒地、气冲冲地拖着孩子回家。

在这两种情况下，孩子最初承受的压力是相同的，但结果可能会有所不同。

第一种情况下，孩子感受到压力时，得到了所有可能的保护和关爱，父母接纳和包容他的情绪，将他抱在怀里，不要求他克制自己。

第二种情况下，孩子的情绪没有得到接纳和包容，实际上没有得到保护和关爱，尽管父母可能认为他已经尽了保护和照顾孩子的责任。在承受巨大的压力时，孩子不得不依靠自己，此时他无法放松。父母没有把他抱起来给予关爱，对他来说问题没有得到解决，他不得不自己承受。

既然孩子无法表达出自己的感受，他能把这些感受藏在哪儿呢？他不得不把它吞下去，压制下去，封存起来，把他本人无法应付的那一刻、没有得到帮助的那一刻封存在内心。这是创伤经历储存的方式，压力就像未拔出的碎片一样插在心里。之后当他再次受到类似的伤害时，有时会轻声抱怨，有时会表现得与之前一样糟糕和害怕。

显然，如果这种情况多次出现，虽然孩子一直被抚养长大，但没有得到安慰或帮助，就会因长期承受压力而出现创伤。随着他不断地探索外部世界，问题也会随之出现。

如果你知道压力不会自动消失，也不会有人来帮助你，你怎么能不害怕新的挑战和挫折呢？如果大人根本不在身边，或者大人认为没有必要或无法接纳孩子的情绪，对于得不到大人帮助的孩子来说，学习上就会经常出现困难，失败之后战胜困难和自我恢复的能力也很差。

如果没有人接纳孩子的情绪，孩子会怎么样呢？压力会一直存在，紧张、沮丧的痛苦，失败的痛苦，跌倒的痛苦，恐惧的痛苦，这些痛苦无处可藏。哭泣是不行的，因为家长会责骂，或更轻视他，压力最终还是要自己承受。

没有人把他抱在怀里，没有人提供帮助，孩子能怎么办？他必须镇静下来，自己接纳自己的情绪。对于成年人来说，这么做是正常的，大多数情况下我们就是这样做的，但是孩子没有这种自己接纳自己情绪的能力。

自己接纳自己情绪的能力并非从天而降，那是从别人的照顾之中获得的。如果他的情绪没有被别人接纳过，他该怎样接纳自己的情绪，该向谁学习呢？

那么到底该怎么办？他可能会学着冷漠，使自己的防护铠甲变得更加强大，训练自己去忍受痛苦，而不是去感受它。如果我是一个无法自己照顾自己的小孩子，剥离情感对我来说是唯一的出路。我什么都感觉不到，我不与自己交流，我成了用我的名字命名的某个东西，这意味着我不存在了。

在类似情况下，所有生物都会这样做。如果危险明显超出了自己的应付能力，就装死，以此来应对压力。生活中，这种做法有时是合理的，即当压力很大，情况非常危险时，最好“冻结”自己，为了承受住恐惧而剥离情感。但是，如果这不是暂时的策略，而是永久的策略，则意味着要永远穿上无法脱下的铠甲装死。比如现在我很镇定，不沮丧，这很舒服，不是吗？一切都很容易应付。疼了也不哭，感觉不好时也不抱怨。被殴打、被冒犯，我也不在乎。我自己能应付，我不会垂头丧气，我的命运掌握在自己手中。

顺便说一句，也许这就是配偶之间争吵的典型原因：妻子提出一些抱怨，需要安慰和支持，而丈夫则开始提供建议和解决方案。有人说，“男人来自火星，女人来自金星”，处理问题的差异也许并不在于性别。相比女人，男人常常更难以接纳别人的情绪，因为在整个童年时期，他们经常听到别人说：“别哭，你不是女孩儿，遇到问题自己去处理，被欺负了自己去还击。”没有人接纳他们的情绪，他们也不会接纳别人的情绪，潜意识里接纳别人情绪的行为不会自动开启。

作为丈夫，读完本书后，最好的情况是接受本书的建议：不要向妻子解释产生问题的原因以及应该怎么做，只要拥抱她并对她说“一切都会好起来的”就够了。她自己会解决问题，或者直接告诉你她需要哪些帮助。

相比女性，男性有更大的比例患上心血管疾病，部分原因是，从童年时代开始他们就很难从采取行动转向接受挫折和允许自己悲伤。在一个不认同男性流眼泪是可耻行为的社会文化中，男女之间的寿命并没有如此明显的差异。

如果没有人帮助孩子从A计划（采取行动）转变到B计划（允许自己悲伤和放松），那么他实际上仍是不完美的，他没有找到摆脱紧张和压力的出路。压力被“封存”在心里，当铠甲突然破碎时，他会爆发出无法控制的愤怒，吓到所有人。

如果孩子的愤怒只是一个令人不愉快的问题，那么铠甲破碎时，成年人的愤怒有可能对他人构成严重的威胁。我认为，如果父母抚养孩子的座右铭是“鼓足精神，不要垂头丧气”，那么可能会导致相反的结果。

另一种选择看起来也不好，孩子指望不上成年人的帮助，同时也拒绝冲破障碍，甚至不去实行A计划，而是立即投降，就像那个被抢走了汽车的儿童之家的孩子一样。独自承受压力实在是太痛苦了，避免这种结果的最好方法是不采取任何行动，立即放弃。

对于那些在儿童救助机构长大，没有家人陪伴和看护的孩子来说，在进入社会后的头几年生活中，这经常成为一个非常严重的问题。甚至多年以后，即使他们早就有了养父母，并且完全忘记孤儿时的经历，但是哪怕只是一想到有些事情可能无法获得成功，他们也会轻而易举地屈服于小小的困难，尽可能地逃避压力，随时准备放弃，甚至一想到可能出错就会哭泣。

害怕把孩子养成弱不禁风的人，担心他们无法应对生活的逆境，这种想法是没有根据的。想过度接纳别人的情绪也是不可能的，没有人会终生待在心理子宫中，那里通常很无聊。一旦孩子内心康复，他会立即跳出心理子宫，继续前行。

在我们看来，一个从小受到逆境磨砺的人以后更有能力应对困难，这种观点其实是站不住脚的。研究表明，那些童年幸福、家庭美满的人，能更好地应对困难。他们内心感到安全，即使在压力下也拥有变通和创新的能力，他们会寻求帮助并能够自我安慰。相反，那些在童年就经受考验的人，在没有父母帮助的情况下被迫独自应对恐惧和痛苦的人，面对压力，他们的反应极为敏感，常常具有攻击性，也很容易陷入绝望。

经过战火摧残的孩子，晚年生病的比例更大。他们在情感上似乎比年长自己25岁、饱经战乱之苦的父母还要痛苦，这种情况绝非偶然。

重要规则！你希望自己的孩子能独自应对生活吗？如果是的话，那么在他的整个童年时期都安慰他、拥抱他并接纳他的感受吧。不要对他说“不许哭”，不要试图立即引开他的注意力去玩儿其他的。要帮助他承受压力，保持活力，摆脱痛苦，不要让他独自忍受不愉快的感觉，不要让他把这种感觉“封存”在心底。

允许他悲伤、哭泣、恐惧、抗议，让他在你的帮助下学习接受世界的不完美，从失望、抗议转变为自我安慰，与现实和解。当然，你自己也要保持从容和镇定。

自己的情绪不被别人接纳，成年人也容易陷入恐慌，在压力面前表现得无能为力。如果你不是一个坚强、镇定、有爱心的父母，而是孩子身旁同样惊恐不安的不幸的“孩子”，那你将是怎样的一个心理子宫啊！

如果你知道自己无法忍受孩子的眼泪和强烈的情绪，在压力重重的环境中自己也会张皇失措，那么你首先要照顾好自己，必要时可以寻求心理学家的帮助。

第四章

3岁危机——不，我不想，我不做

妈妈变坏了

大约 3 岁，也许更早一点儿，有时是两岁，孩子突然变了。这个可爱、甜美、温柔、听话的小宝贝儿，有一天会因为小事胡闹起来。事情本身并不重要：牛奶倒错了杯子；给他戴帽子，但他不想戴；在商店他想要棒棒糖，但没有给他买；给他帮忙，但他却坚持自己做。

不久以前，如果孩子想要某个东西但我们不想给他，可以很容易地把他拉走，说服他或者分散他的注意力。如果他不想做某件事儿，我们可以挠他痒痒，和他聊天，给他唱歌，然后不知不觉地就让他做了这件事儿。

现在，所有的花招都不起作用了。他会坚持自己的观点，甚至会抗议半个小时，一个小时，无视任何劝说和计谋。头两次他胡闹时，我们会自我安慰：可能是他今天玩累了或正在长牙。

在他的任性胡闹成为家庭生活中几乎必不可少的内容之后，家里天天都有尖叫和哭喊，他天天往地板上扔东西，或耍赖躺在地板上不起来。此时我们才明白，之前在书上看到或者听别人说起的“抗拒危机”已经来临。在可预见的将来，我们的生活将会变得非常“多姿多彩”。

这个阶段一般称为“抗拒危机”时期，因为这一时期孩子经常说的话是“不”“我不想”“我不做”。孩子会有来由或没有来由地拒绝、拒绝、再拒绝。有时候，孩子在我们还没说完之前就回答“不”。有时我们明显看出他真的很想吃饭、喝水、睡觉，但他坚持说“我不想”“我不做”。语言能力很好的孩子，他们的“表演”更是多种多样：“我不想刷牙”“我想生病”“我不要新牙膏”“讨厌的牙膏”“我不刷牙”“我要离开你”“我不爱你”“你坏”，诸如此类。

必须说，并非所有儿童都会充分利用这一时期的权利。对于有些孩子来说，他的抗拒仅表现为3岁时的几件小事儿。对于有些孩子来说，他的抗拒可能持续数月。还有一些孩子，大约从两岁时，“抗拒危机”就开始爆发，到他4岁前，整个家庭一直处于惶惶不可终日的状态。

某种程度上，每个父母都有这样的体验：孩子突然开始顽固地对抗父母的意愿，而不再是服从，跟随程序仿佛失效。观察力强的父母会发现，“抗拒危机”的极端表现通常与发育的剧烈波动有关。在此前或之后，孩子会飞快地成长起来，变得更加独立。因此，“抗拒危机”也被称为**分离危机**，即与父母分离。孩子似乎要从与父母幸福交融的状态中走出来，用自己的意愿对抗父母的意愿。

从依恋心理发展的观点来看，这是一个非常重要和有趣的阶段，此时存在新的机遇和巨大的风险，因此需要更加深入地探讨。

如果孩子不听话会怎么样？他为什么不跟随大人了？

仔细观察就会发现，当孩子根本不把我们的行为视为关爱行为，即保护和照顾行为时，抗拒就会时有发生。例如，他正在自己玩儿，我们走过去说“该刷牙睡觉了”。或者他想要那个带按钮的有趣的东西，但我们不给他。再或者，他一点儿也不冷，我们却告诉他要穿上连裤袜、毛衣、夹克，并戴上厚厚的帽子，因为外面的大街上很冷。

这是对他的关心还是欺凌？这种时刻，孩子似乎丧失了依恋，父母对他来说不再是爱和支持的来源，而是沮丧和懊恼的来源。

显然，家庭生活中的规定和禁令越多，抗拒的情况就越经常发生。在古老的部落里，得到满足和平静的婴儿，总是能触动研究人员，那里几乎没有什么禁令或规定。孩子们冷了就去晒太阳，饿了就伸手，想睡就去睡，清洁护理方面的事情妈妈会去做。那里没有任何人为的危险，那里的世界也很简单，使用的东西都很普通，不容易被孩子打碎，也没有特殊价值，因此依恋很少经受考验，许多问题根本就不存在。没有人试图预测孩子的需求，例如怕他冻着而主动给他穿衣服，监控他的饮食，硬给他吃健康但他不喜欢的食物，在特定的时间必须上床睡觉，上专门的培训课程，去医院进行健康检查，等等。

我们的生活截然不同。我们经常强迫孩子做某事，或禁止孩子玩某个游戏。对孩子来说，他对依恋的下意识理解，会使我们从自己人变成陌生人，变成冒犯他或不想帮助他的人。他不听话，我们生气，还要强迫他，也就是说，我们变得更加“陌生”。于是他变得更固执，现在甚至已经准备好任性胡闹或坚决对抗了。

这个时期，父母会感到烦躁。对于孩子来说，更是一场噩梦。在此之前，他的生活就是父母听到他的叫喊并满足他的需求，他信任父母，关爱转轮正常转动，一切都表明生活将一如既往。但是，关爱转轮最终还是出现故障了，不过这时他已经知道原因：父母只是无法理解他到底想要干什么。

几乎每个孩子都会经历这样的时期，他已经能说很多话，但是说不清楚。当成年人不理解时，他会非常生气，表情夸张地一遍又一遍大声重复，父母终于猜到了。

他的坚持本身表明，到了这个年龄，他已经很清楚“理解的代价”。他相信，一旦父母理解他，他们将立即做他想要的事情，这就是为什么他要努力表达。终于，他讲话讲得更好了，此时却发生了真正奇怪的事情。

他很清楚地对妈妈说：“我现在想要吃糖果！”这句话妈妈不可能听不懂。但是妈妈没有立即给他拿糖果，而是表现得很奇怪。妈妈说：“现在不行，只有午饭后才能吃糖果。”妈妈没有给他糖果，这是怎么回事？这哪里是最亲近的人啊，妈妈变坏了，事情不应该是这样的！孩子非常困惑。对他来说，世界秩序正在崩塌：我想要的东西妈妈怎么不给我了呢？我和妈妈怎么会想要不同的东西呢？妈妈现在是陌生人了吗？这真是一场灾难，我怎么可能不尖叫、不哭喊、不躺在地板上耍赖呢！于是，一个乖巧可爱的孩子变成了一个火冒三丈、爱打架、爱咬人、爱扔东西的小怪物。我们还会从他那儿听到诸如“你走开”“我不爱你”“你是个傻瓜”之类的话。

这时，孩子的大脑还不成熟，负面情绪完全控制了他，他听不进任何话，也不接受任何理由，他充满了抗议、愤怒和悲伤。

他从父母那里感受到了一种全新的分离感和自主感。一方面，他渴望这种自主感，因为它为成长提供了新的机会。另一方面，这种感觉也令人非常恐惧，因为从本质上来说，这是将孩子从与家长幸福交融的“天堂”中驱逐出来。

该怎么办呢？

简单、高效、危险

解决上述问题的一种方法与这个世界一样古老，这也是各个时代父母面对孩子不听话时广泛使用的方法。如何开启他的依恋程序以及跟随行为呢？很简单——制造威胁。这种威胁要比刷牙或停止游戏带来的不适严重得多。

想象一下，在我们与孩子发生冲突期间，突然出现一个陌生而又可怕的人，情况会怎么样？不管我们的麻烦制造者如何因为没得到糖果而任性胡闹，此刻他都会不顾一切奔向我们。

因此，呼唤树林中的丑八怪是一种最常见的方法，比如，向孩子宣称“现在妖怪要来抓你了”。如果孩子相信这句话，就会受到惊吓，他会立即开启跟随行为，对父母的话百依百顺。有的父母以离开相威胁：“现在我要走了，既然你还是这样，那就自己坐在这里吧。”我们知道，让孩子独处几乎等于判了他死刑，他能不害怕吗？

当父母不仅仅是嘴上说，甚至还采取了行动，比如将孩子留在房间里，关上门自己出去，或者痛打孩子时，痛苦和威胁的双重打击会使他感到恐惧，这时孩子会本能地寻求父母的保护，这意味着他开启了跟随行为并愿意满足父母的要求。如果父母对他怒吼，得到的效果也差不多。

这种方法确实有效，否则也不会使用数千年。打他、吼他、把孩子关在卫生间里，以及“妖怪来了”之类的恐吓之所以会有效，并不是因为孩子意识到自己的行为是错误的。在这种情形中，孩子不会习得更多，也不会理解更多，父母只是用简单粗暴的方法开启了跟随程序，就像过去修理坏了的电子管电视机一样，当图像不清晰时，重重击上一拳。

有时大声喊叫或打他几巴掌让他立即服从，比让他继续跑向车水马龙的街道或将头伸出窗外更好，在这种危急的情况下，父母们别无选择。但是，不要幻想此时此刻我们是在教育他，我们只是在以一种虽有效但粗暴的方式制止他不可接受的行为。

如果父母做得太过分，使劲恐吓他，那么我们已经熟悉的“待在原处，大声喊叫”的早期安全程序（非跟随行为）将开启。父母可以用这种方法制止孩子乱跑，但不能强迫他收拾玩具。处于这种状态下的他仿佛回到了周岁前，他怎么还能收拾玩具呢?

如果父母试图更猛烈地打他或吼他，此时孩子承受的压力更大，更加无法满足父母的要求，更不要提让他“立即停止”大喊大叫了。这将会为孩子带来不幸，因为父母认为“他什么都不懂，就知道大喊大叫”，由此给孩子的心灵造成严重的创伤。

即使没有出现最坏的结果，也是要付出代价的。**每一次打他、吼他，都会使依恋贬值**，依恋的绳索会有一根细线断开。父母作为保护和关爱孩子的形象，有一小部分会变得模糊。

依恋的绳索很牢固，不会因为父母打他或吼他一次出现任何问题。5次、10次也不会，但多少次之后会出现问题，没有人知道，也没有人计算得出来。为了获得孩子暂时的服从，父母甩掉保护者和照顾者的角色形象，转而殴打、吼叫、威胁、离开孩子。没有人知道孩子能忍受多少次这种行为，继续保持对父母的热爱和自然服从，也没有人知道这种行为重复多少次之后，孩子会失去和父母在一起的安全感，失去对父母的信任。你可以一拳把电视画面打得很清晰，但你无法修复它，每一拳头，都会使复杂的电视机离彻底报废更近一步。

心理学家曾经询问过很多成年人："您的父母是支持、保护和关爱的来源吗？"他们会惊讶地抬起头，耸耸肩膀说："当然不是。有过吗？他们通常是大声吼我，有时打我，我只想他们放过我。"

我想我们谁也不想给孩子留下这种印象。

当一名教练

那么，家长如何应对这个充满挑战的时期，同时又不失去孩子对自己的依恋呢？

最重要的是明白，一个两三岁的孩子不会故意做错任何事情。实际上，故意做错一件事儿对孩子来说非常困难。如果我们的目标是“贬低和欺骗”某人，我们至少应该知道他会如何看待我们的行为，他会有什么感觉，以及在这些感觉的影响下他会如何反应。

许多研究足以证明，一个 3 岁的孩子还做不到这些。孩子大脑中负责从旁人角度观察并预测另一个人动作和反应的区域，此时尚未发育成熟，这种能力只有在六七岁时才会出现。也就是说，不管 3 岁的孩子表现得多么可怕，他都不会故意与我们对立，也不会故意与我们抗争。对于成年人来说，记住这一点而不是与婴儿“对战”，是一种明智的做法。

那么，“抗拒危机”到底是怎么回事？其实是孩子正在快速成长而已。他自己可以做很多事，每天都比前一天多。有了如此惊人的进步，自然地，成功就会冲昏他们的头脑。当孩子突然开始能够做很多事情，已经取得很大进步时，他就会觉得自己是个大人了，可能认为大海也不过脚踝那么深。他对自己有能力做好一件事，有权利去做心愿之事，能够完成心愿之事的信心正在不断增强。但是，此时孩子的大脑仍不具备鉴别能力，无法看到整个事情的复杂性，经常考虑不周。

心理学家进行了一个巧妙且简单的实验，询问不同年龄的孩子一个问题：“你长没长大？”

3 岁孩子都一致回答：“我长大了！”

5 岁孩子会说：“我还小。”

到了青春期，随着又一次分离危机的出现，再次询问他们这一问题时，相似的回答会复现。

13 岁时，每个人都确定地回答：“我已经长大了。”

16 岁时会说：“我还没有长大。”

一个 3 岁的孩子已经学会了很多，但是还没有鉴别的能力。他认为，当他坐在长凳上转锅盖时，就像爸爸在开车一样。在盆里用汤匙搅来搅去，就像妈妈在煮汤一样。

5 岁的孩子则会明白：不，这不一样。开车不是这样的，煮汤也不是这样的。他已经知道自己还做不到像爸爸和妈妈那样。

13 岁的时候，如果他已经知道很多事情，也学会了做很多事情，并且能够自己决定做什么以及去哪里，那么似乎他已经成年了。

到了16岁，他开始明白自己并没有成年，他尚未准备好独自应对生活，独自面对这个复杂而广阔的世界，他仍然需要学习很多。

在这种情况下，亲子之间就会产生冲突：孩子强烈想做（或不想做）某件事，并且确信自己完全可以做到，出现问题自己能够解决，但父母会站在更广阔的视角看待这个问题，无法同意孩子的看法。

当一个人说“是”而另一个人说“不”时，就产生了冲突，这是一种利益冲突。透过冲突的棱镜，可以发现“抗拒危机”是人与人之间经常进行的互动形式之一。

所有人都会不时地与他人发生冲突，与亲戚、邻居、同事甚至与自己发生冲突（内部冲突），这没什么大不了的，很正常。只要有人和利益的地方，都可能出现看法不一致的情况，就会引发冲突。冲突并不总是尖叫和打架，还可以是法庭上的争辩，商场里的讨价还价，可以是与同事正常而友好的往来，也可以是周日上午关于我们要去哪儿的讨论（如果有不同意见的话）。

冲突中，人们的表现各不相同。

每个人都遇到过那些不喜欢冲突甚至害怕冲突，并且永远不能坚持己见的人。这种人总是让步，总是站在别人的角度看待问题，即使对方所提建议和选择令自己不便、不快或者自己并不喜欢。

周围的人很快就意识到了他这种性格特征，开始“骑”在他头上，比如让他背“黑锅”，牺牲他的利益来解决自己的问题，根本不征询他的意见。总之，他被视为“抹布”。对此他虽然感到委屈，但最终还是选择忍受。

当他人对自己产生愤怒和不满时，冲突和对抗比让步更让人害怕。基于此，他虽内心感到委屈，但还是会忍受，只是偶尔才会抑制不住地爆发自己的愤怒，但更多的是把自己憋出病来。

也有相反类型的人，随时准备和别人发生冲突。他们总是爱争辩，无论争辩是否必要，是否值得。在任何情况下，他们都不愿意“牺牲原则”“动摇权利”。周围人不希望与这样的人发生关系，不仅不愿与他们争辩，而且尽可能地不与他们打交道。

你永远都不知道对于这样一个固执的人，在什么地方会触碰到他们的“原则”。他们不喜欢让步，也不愿意谈判，谁想提心吊胆地生活呢?

好吧，如果他们遇到另一个同类型的人，那么事情可能会像童谣说的那样终结：“清晨，两只公羊淹死在河里。”顽固通常不是良好的品性，同时也可能影响健康。

他们在采取行动上花费了太多时间，而压力本身会使身体中毒。

当然，永远让步的人和永远对抗的人都是极端的，他们在所有场合都使用相同的策略，这没有什么好处。生活复杂，情况各有不同，有些事情值得坚持，有些则不值得坚持。例如，一个成年人的价值观、自尊心、责任感、荣誉感以及安全受到威胁时，他一定会说："我坚持这一点，否则免谈。"这种情况下不应向压力屈服。

然而生活中，在有些情况下顽固坚持是愚蠢的，要么坚持根本没有意义，要么根本不值得坚持，最好是理解它。有时候，人际关系比解决具体问题更重要。一个成年人必须学会让步，不要生气，不要怀恨在心。生活中，我们需要找到一个折中方案，这种方案既不是我的方式，也不是你的方式，而是中间方式。有时要表现出独创性，找到对每个人都有益的解决方案，比如你不喜欢做饭，而是喜欢收拾房间，刚好我相反，那么让我们分工负责吧。

也就是说，当成年人在冲突中拥有一整套不同的行为策略时，这是件好事。在特定情况下，成年人会把各种情况摆在自己面前，然后分析如何抉择：让步？坚持？讨价还价？是不是还有其他办法？成年人能够很灵活地适应生活，因此在工作和人际关系中获得成功的机会更大。

如果孩子因对抗行为受到惩罚，或者相反，父母担心孩子沮丧，以至于从不与他争论，那么他就无法掌握各种策略。他对压力的反应（与父母的冲突主要是压力）是我们已经熟悉的两个选择：要么避免采取行动，拒绝捍卫自己的利益，做一块儿怎么样都行的“抹布”，要么坚决采取行动，绝不让步，绝不妥协，成为一只好斗的“公羊”。

事实证明，“抗拒危机”不仅仅是对父母神经的考验（虽然我们并不知道自己犯了什么错，要遭受这种惩罚），同时也是孩子学会坚持己见，容易与他人发生冲突的时期。父母像经验丰富的教练一样，可以帮助孩子学习如何应对冲突。

我们不是在与他对战，不是他的对手，而是教练，是陪练的伙伴。只有和提醒你来球，帮助你击球、传球的伙伴在一起，才能学会打网球，应对冲突也需要陪练，这样才能不断地学习和进步。

3 岁的孩子突然发现自己处在一个充满冲突的世界，发现父母期待的并不是他想要的，起初他会感到震惊，提出抗议。如果父母不是通过一巴掌或大吼大叫来阻止他，他就会以成人采取的方式来应对，由此掌握不同的应对策略。**孩子要学会在受到他人意志限制的世界中生活**，在这个世界上，他的欲望与对他来说有重要意义的“自己人”的欲望并不总是一致。认识到这一点，是这个年龄段的主要任务。

重要规则！在孩子与父母发生冲突的过程中，要让孩子获得不同类型的反馈。有时要对他让步，有时不让步，有时将他的注意力转移到其他事情中，有时同他达成妥协，有时还要换另外一种方式，就像生活中会有不同的选择一样。

很自然，有些事情你永远不会允许孩子尝试，即使他整天都在大喊大叫，例如将手指伸入电源插座。有些事情是可以妥协的，他不想吃这种粥，他不喜欢吃，可以不吃。

很多情况也可以用其他方法来解决，比如，和孩子一起收拾玩具；妈妈和爸爸用激将法，说自己数到十，孩子就会穿好衣服。同时要让孩子知道，天上的月亮无论如何都是摘不到的，哭也没有用。

记住，这场危机不会永远持续下去。

一只温柔的大狗

“抗拒危机”不仅考验父母的耐心，还考验依恋本身。成年人在冲突中是否仍然保持强者的做法，是否仍然是保护和照顾的角色，是平等对待孩子，还是面对歇斯底里的威胁时投降，或者干脆说成年人还像不像个成年人，这对孩子的个性成长非常重要。

依恋关系的独特之处在于它们是**等级关系**，这是强者与弱者之间，主导者与依赖者之间的关系。孩子是弱小的生物，他需要成年人陪伴，需要成年人的保护和照料。作为回报，他必须跟随并服从……好吧，他们也有不听话的时候。

20世纪下半叶，人们远离了世界大战引发的恐惧，发现了亲密、温暖的家庭关系所带来的快乐。在20世纪60年代的自由思潮中，许多欧美国家的父母被诱导放弃亲子关系中的权威角色，一种自由主义的态度开始盛行。

自由主义者建议父母平等对待儿童，以友好的方式与他们交流，而不是禁止或命令他们做事情。孩子们以名字称呼父母，并与他们平等地争论，自己决定吃什么，穿什么，以及如何消磨时光。

这是几个世纪以来人们对家庭中极端苛刻的家长制

度厌倦了的一种反应，是对毫无疑问地服从长者、接受严厉惩罚和狄更斯所描述的“阴冷的房子”的一种反应。许多人在这样的制度下长大，他们不想让孩子们也像自己一样。

遗憾的是，人们很快就发现，虽然这是一把自由之剑，但它也是双刃剑。与父母的关系中缺乏等级制度，这与依恋程序相冲突，导致孩子感到不安全和焦虑。毕竟，如果我的家长跟我一样，也就是说，他也是个孩子，那么当危险来临时，谁来保护我们所有人呢？

心理学家注意到儿童精神障碍病例在增长，发现“彻底自由”运动根本没有使儿童感到更幸福。这波浪潮在20世纪90年代传入俄罗斯，产生的结果完全一样。孩子们需要坚强、自信的成年人，而不仅仅是玩耍和娱乐的伙伴。

对以前严格的育儿模式的回应，不应该是不负责任的“平等”，而应该是**具有主导性的关爱**，强烈及负责任的关爱，也就是主导权。这种主导权不是用来压迫和征服的，而是用来提供帮助和保护的。

“抗拒危机”恰恰是具有主导性的关爱首次经受严峻考验的时刻。不和无助的孩子生气很容易，但面对一个顽劣、任性、乱踢乱咬的孩子呢，家长是否有能力既不诉诸暴力也不一味妥协就能应付过来？

这里有两个因素很重要：主导权和关爱。一个窝囊、软弱的父母和一个对孩子的需求不敏感、态度强硬的父母一样，都会使孩子感到恐惧，心灵受到伤害。如果父母不保护我，而是侵犯我，那么谁来保护我呢？如果爸爸妈妈连我的尖叫声都害怕，老虎来了，我该怎么办？

父母可以站在强者的立场做出让步，比如说："嗯，实际上，我认为这样做不值得，但我看到你真的很想穿这件新衣服出来玩，所以我同意了。"或者说"我认为燕麦粥非常有营养，但是你说你讨厌它，那么好吧，我们不吃燕麦粥了，我不会强迫你。"这种让步体现了父母的保护和关怀，同时也能支撑起可靠的依恋。

父母如果站在弱者的立场，对孩子的要求手足无措，束手无策，比如"别烦我，别烦我，你的无理要求已经使我筋疲力尽了！""闭嘴，这是不可能的……"那么这不是保护和照料，而是向孩子屈服和投降，将孩子推向主导地位。遗憾的是，孩子还没有准备好，并且他也不想做主导者。他想要糖果，而不是想当领导。

拒绝可以出于关心，也可以出于严厉。你可以禁止他，但同时要同情他，与他保持友好接触。你可能会说："我知道你很想再看一部动画片，但我们该睡觉了。""你是不是难过了？到我这儿来，我也为你感到难过。”

你可以转移孩子的注意力，让他更轻松、愉悦一些。比如说：“你能正确按下按钮来关闭它吗？记得按钮是什么颜色的吗？”“能帮我摆下桌子吗？爸爸很快就回来了。”

如果父母感觉自己没有权利制止孩子，又不想扮演主导的负责任的角色，那么为了制止孩子的任性和胡闹，通常会说：“我制止你，是因为你不够好，你做错了。”有时也会说：“你就一直看动画片吧！你一点儿也不听话！你不为自己的任性感到羞耻吗？亏你还是个大男孩呢！”诸如此类的话。这种禁令不是一种保护和照顾的行为，会被孩子视为攻击和冒犯。

“抗拒危机”确实是一个艰难的时期，正是在这个阶段，许多亲子关系出现第一道裂痕。一些父母甚至说：“他两岁半以前，我们的关系一直很好，后来他变得让人无法容忍，开始让我生气。”被激怒标志着父母已脱离成年人的角色，放弃保护和关爱的立场。

你见过这样的场景吗？

夏天，院子中间躺着一只体型巨大的狗，她在晒太阳，一只小狗在她周围跑来跑去。小狗不停地跑，精力充沛。小狗想和大狗交流，就会咬住她的耳朵，然后爬到她的身上，在她的耳朵上方吠叫，让她发抖。

小狗打扰到了大狗，当然，大狗更喜欢小狗不要打扰自己。但是大狗生气了吗？没有，她没有生气，因为她已经是成年的大狗了。她从完全不同的角度看待小狗打扰这件事儿：好吧，他就这样，他是一只小狗儿，我能拿他怎么办呢？

当成年人意识到自己是大人时，也不会对孩子生气。孩子把浴室溅的到处都是水，不专心吃饭，衣服不整洁，穿衣拖拖拉拉，或者整天跳来跳去，大喊大叫。好吧，拿他有什么办法呢，他还小！如果确实有必要，你可以试着做点什么使情况发生改变，但不是对孩子生气或大吼大叫。

那么，应该对什么生气呢？应该生气的是：成年人因为上面这些小事儿对孩子动怒。因为一旦这样做，就意味着你不再是一位合格的成年人了。

重要规则！有时候，如果一个成年人对孩子没有耐心，对孩子的眼泪感到愤怒和绝望，那么就问问自己："我现在多少岁了？"这很有用。如果一个成年人觉得自己没有身份证上的年龄那么大，那么此时最好的办法是离开孩子一会儿，先照顾好自己，休息一下，深呼吸，洗洗脸，喝杯热巧克力，做些有活力的动作等。

可以问问自己：为什么我现在感到不舒服？然后听听自己的答案："因为我累了，我知道我现在应该把洒出来的牛奶擦掉，但是我只想上床睡觉，不想干活儿。我没有力气了！"之后，真正心疼一下自己，在心里给自己一个拥抱：“哦，我太可怜了，这么累，还要擦洒出来的牛奶。”这样你会感觉好一些。

我想没有人一生不生气，也很难永远做一只温柔的大狗。我们的生活不像犬科动物那么简单，我们除了孩子，还有太多太多的事情要处理，比如疾病、贫穷、与亲人发生冲突、过度疲劳等，时不时还要应付孩子的无理要求和尖叫。但重要的是，当我们生气的时候，是否能够及时认识到我们已经脱离了成年人的角色，需要尽快回归角色。

战争结束后

上面谈到孩子正在经历一个相当痛苦的阶段，这个阶段，他发现“我和父母的想法可能不同，我们是各自独立的人”。心理学家说，在这一阶段，孩子认为自己和父母是一体的**共生关系**的这种想法破裂了。共生不可能是永恒的，因为孩子必须长大，与父母完全分开，这种情况总有一天会到来。

实际上，在他的生命旅程中，已经有两次强烈的分离行为：与母体分离的分娩，以及挣脱父母的双手获得行动自由的周岁危机。但那时他还很小，意识不到发生了什么，现在他却很害怕。与父母发生冲突，这是对依恋的威胁，伴随着失去父母关爱的风险。他很害怕，也很生气，但又不得不与父母争辩，不得不同他们分离。这是成长过程中必须经历的，但这对他来说太痛苦了！

如果父母是一个有爱心的成年人，即使在冲突中会生气，也会尽力向孩子表明争吵归争吵，但依恋关系一切正常。父母还会拥抱孩子，帮孩子擦眼泪、洗漱、收拾散落的衣服和玩具。这种处理争吵的经验，为孩子提供了重要的知识：**依恋胜过冲突**，依恋很牢固，争吵无法破坏它。虽然我们想法不同，可能会因此吵架，可能会各自生气，甚至说出伤害对方的话，但是依恋关系并没有破裂。尽管妈妈不喜欢我说“妈妈是个傻瓜”，这样说不好，但并不能消除妈妈对我的爱，妈妈依然爱我。等我不再生气了，我也依然非常爱她。

“我们可以不同，可以彼此生气，但依然相爱”，这是人生中最重要的信念，是未来亲子关系依然牢固的基础。有时我们发脾气，做了错事，但可以弥补，可以请求对方原谅。

如果父母在冲突后变成一位严苛、冷酷的人，需要很长时间才能求得他们的原谅，对于孩子来说，这时该怎么办？或者妈妈变成了噘着嘴受委屈的小姑娘，甚至哭泣呢？有些家庭认为，争吵后让孩子道歉是非常重要的。“不道歉不要靠近我！”有些父母会骄横地说，并开始完全不理睬孩子，认为有信心让孩子承认自己的错误。但是对孩子来说，这似乎是另外一回事儿：我被抛弃了，我对依恋关系深表怀疑。现在他需要修复他对父母的依恋，他对依恋关系开始不自信了。实际上，父母突然变得严苛和冷酷，相当于告知孩子：“你对依恋关系受到破坏负有责任，现在由你来决定我们的依恋关系何时恢复，能否恢复，我放弃了这一责任。”也就是说，坦白来讲，父母放弃了父母的角色。

要知道，在这个世界上，并不是由孩子决定谁来当自己的父母并与他们建立关系。相反，是**父母养育孩子并负责与孩子建立关系**。对于一个孩子来说，“不道歉不要靠近我”意味着父母在说：“我不再是你的父母了。现在你正在雇佣我，不是我让你做我的孩子，是你叫我扮演父母的角色。我有一个建议，你先大声道歉，然后再靠近我。”这完全颠倒了整个世界的秩序，扭曲的、**颠倒的依恋**[1]可能开始形成。

在扭曲的、颠倒的依恋关系中，孩子被推到了主导位置，被迫成为主要角色。对孩子来说，这并非美好的场景，他也根本没有出路，因为父母放弃了父母的角色。孩子当然很不喜欢这样，他们会长期抵抗。

如果父母一次又一次地迫使孩子对依恋关系负起责任，自己却孩子般地应对亲子冲突，孩子迟早会屈服：“好吧，你们不干就不干吧，能怎么办呢？我不得不自己来。”

和这样成长起来的孩子打交道非常困难。对他们来说，跟随不起作用。如果成年人不再是成年人，他们能够跟随谁呢？我们对他说一句，他能回十句。我们告诉他一些事情，他可能不以为然。我们让他做一些事，他也毫不在意。他的行为表现可能很粗鲁、尖刻，甚至会威胁他人。

> 还记得电影《小红帽》[2]中那个小霸王少爷吗？他后面跟着一大堆保姆，他曾经扬言要鞭打所有人。很明显，这个令人无法忍受的孩子是多么孤独，多么不幸福啊！

---

[1] 关于“颠倒的依恋”更多细节将在《心灵受伤的孩子》一书中讨论。——作者注

[2] 1977年上映的一部苏联电影。——译者注

在这些卑躬屈膝的纵容中，他感到自己那么无助！

进入这个奇怪房子的半大女孩儿，似乎是这个男孩儿一生中见过的最年长的人。当小红帽在他的愤怒面前毫不退缩，可怜他，安慰他，也就是表现出主导性的关爱时，男孩儿全心全意地投向了她。

颠倒的依恋是一种不健康的关系，不仅对于成年人，对于孩子本身来说也是如此。在这种关系中，孩子会叛逆，看起来像小大人，而且感到非常不幸福，他为这个主导角色牺牲了安全感和幸福的童年。

如何教育孩子

那么，该如何教育我们的孩子呢？是向他解释即使他非常生气，打架、吐痰和骂人也是不对的，还是亲吻和拥抱他，让他意识到他的做法是正确的？

这个问题非常重要。为了回答这个问题，我们需要首先了解大脑的工作原理以及大脑中负责依恋程序的部位。

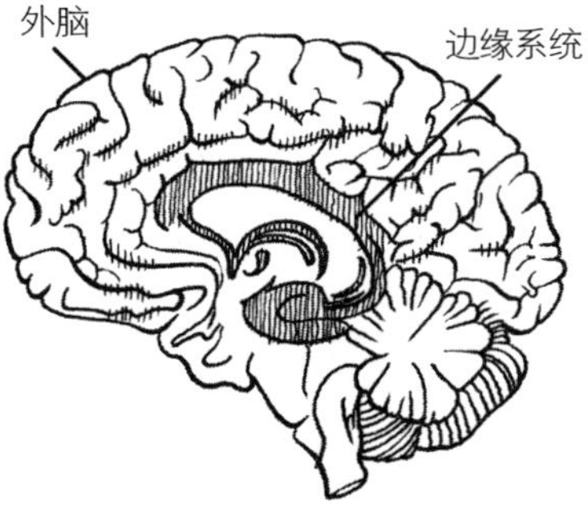

人类的大脑是复杂的，它包含非常古老的部分，主要负责呼吸、运动、进食等，这就是脑干。大脑上层是最高级和最年轻的部分，即带有沟回的皮质，这个部分使我们成为一个真正聪明的人，一个能阅读、计数、推理、类比、发明创造的人。

两者之间有一个边缘系统即中脑或内脑，它负责自然世界与理性世界之间的一切，负责情感和无意识反应，维持关系的程序和高等动物的社会行为程序，包括物种的生存和延续，其中主要是自我保护程序，比如跟踪威胁并针对威胁采取行动；繁殖程序，如寻找伴侣，产生与对方在一起的愿望，促使发生性行为；抚养后代程序，即我们正在谈论的依恋程序。

抚养后代程序为成年人设定了保护和关爱行为、责任感等，为婴幼儿设定了依赖、信任和跟随。该程序是在无意识和简单条件下运行的，即使是被诊断为智力低下的人，也可以成为好父母，也可以抚养好子女，保护和照料好孩子。当然，前提是他们以同样的方式被抚养长大。

上层皮质和边缘系统之间存在一定的联系。当人们没有遭受威胁，边缘系统保持平静时，上层皮质正常工作，此时我们头脑清晰，能考虑事情，解决日常问题，也能娱乐和放松身心。一旦收到危险信号，压力荷尔蒙就会释放到血液中。从个人经验中我们都知道，在巨大的压力下，人无法进行复杂理性的思考，只能思考摆脱特定危险情况的方法，仅此而已。这类似于一个国家宣布进入战时状态时，议会讨论、新法律的制定和实施经济改革措施等行为都不恰当，此时国家权力移交给某一机构，长远发展和国家建设等工作暂时被搁置，所有决策都基于一个目标：战胜威胁。在战时状态，所有与长期繁荣和发展相关的问题都已从议程中删除，因为国家生存正在受到威胁。

这个道理同样适用于孩子。当其边缘系统处于焦虑状态时，他会害怕、疲倦、生病，同时停止探索世界，并寻求与父母之间保持亲密的关系，使自己感到安全。显然，与父母发生冲突对他来说是面对双重压力。大家知道，依恋是孩子至关重要的需求，对依恋的威胁与对生命的威胁一样严重。

现在发生了恐怖的事情：爸爸妈妈生我的气，对我大喊大叫，说我不是他们想要的孩子，就好像我不再是他们的孩子一样。即使父母没有打骂他或直接威胁要抛弃他，只是说“离我远点儿，我不需要这样的孩子”，这种压力也会产生。

在这种状态下，儿童会动用所有的力量来应对压力，对于任何技巧训练、掌握新规则，他都无暇顾及，因为负责学习的大脑皮层交出了控制权，将控制权抛在一边。这意味着此刻父母所有聪明、睿智的话语，所有对孩子的道德说教，对孩子来说不只是左耳朵进右耳朵出，而是根本听不进去，也根本进入不了他的大脑，只是一些空洞的声音。

当孩子生气、害怕、困惑、情绪激动时，用语言传达理性、友善和真理是没有用的。因为处理对话是由大脑皮层负责的，此时它被迫“休假”了。

有一个女孩在做作业，她要做数学题。她不喜欢数学，学起来很吃力，因此她的数学不是很好。当她做错题时，老师常常会在全班同学面前取笑她，父母也因为她数学成绩不好而责备她。父母经常对她说：“数学是一门非常重要的学科，没有它可不行！”

每当这个女孩打开数学课本时，即使没有读完题目，她就已经开始不舒服了。她肚子不舒服，头也犯迷糊。她开始担心，如果题目很难怎么办，她就不得不去寻求爸爸的帮助。爸爸会叹着气数落自己的女儿多么愚蠢，然后给她讲解题目，同时询问一些其他数学知识，结果发现其他知识她也忘了，这些问题她也理解不了。这种事儿经常发生，爸爸会更加生气。

如果不去找爸爸呢？那么明天老师看到题目没有做或做错了，又会像上次那样说：“哦，这就是我们的数学天才彼得罗娃，还有谁会像她一样做题呢！”同学们就会哄堂大笑。

就是这样，一切似乎都让人绝望。当压力过大时，大脑皮质不仅无法让孩子做题，甚至无法阅读题目。如果父母现在用不满的声音催促她，“你还要坐多久，开始做题吧，时间不多了”，她的状况只会更加糟糕。如果父母给她讲解题目，她也是什么都听不懂，并且压力会越来越大。

重要规则！如果我们想让孩子听话，理解我们，那么首先让他的大脑边缘系统平静下来，这一点非常重要。要设法减轻孩子的压力，明确表示我们仍然是他的父母，仍然时刻准备关心和保护他，拥抱他，安慰他。最好能让他说出自己的感受，让他明白我们与他保持着联系，并且对他现在遇到的困难感同身受。

如果情况刚刚开始恶化，可以尝试缓解孩子的压力，比如拽拽他，挠他痒痒，进行肢体接触，或者提议玩玩游戏，用某个问题吸引他的注意力。

如果糟糕的事情已经发生，那就无计可施了，只有静待他的压力消退。在这期间，最好不要大声斥责，不要威胁他，也不要提不切实际的要求，例如“别叫了”“立即冷静下来”“立即闭嘴”，因为这样说只会雪上加霜。换位思考一下，当你在哭泣时，如果丈夫这样说，你是否觉得可以接受呢？

如果可以的话，我们应该拥抱他，抚摸他，和他说说话儿。说什么并不重要，反正此时他也无法正确理解。我们说话的语调，我们的陪伴和触摸，此时对他来说更重要。当然，我们自己的情绪也非常重要，如果我们惊慌失措，就很难使孩子平静下来。

在这里，我们首先应该想想那只温柔的大狗，然后深呼吸，让自己平静下来，有时父母的平静足以减轻孩子的压力。

很少有人研究孩子和父母之间的无意识情绪调节现象，但这种现象显然是存在的。根据我们的呼吸、声音、面部表情，也许还有气味儿，孩子可以非常准确地判断我们的情绪状态，并改变自己的情绪状态，以与父母协调一致，跟随行为就是其中的一种表现。

只有当孩子已经哭过，得到放松和安慰，“战时状态”已经消失，大脑皮质恢复工作之后，他才能重新接受教导、训诫，学习该如何做事。现在可以告诉他应该怎么做，不这样做会有什么后果，和他讨论制定行为规则，并要求他将来遵守。也就是说，我们要说出真正想让孩子做到的所有事情，而不仅仅是给自己打个钩儿，表明我们已经完成了父母的教育工作。所有这一切都应在平静和信任的状态下完成。

当我们能够平和地坐在一旁，亲切地拥抱孩子，注视他的眼睛，轻声叫着他的名字时，此时依恋将发挥作用，跟随行为会开启，教育才会达到目的。

我们是否希望他能够道歉？那么我们自己先要请求他的原谅，为他做一个摆脱争吵和承认错误的榜样。如果依恋程序一切正常，他会启动模仿，开始主动学习。记住，在压力下，说教并不能获得期望的效果。

* * *

可以看到，在“抗拒危机”期间，孩子和我们的关系可以更进一步，也可能会受到严重破坏。

当孩子与我们发生冲突时，我们能为他做的最好的事情，就是高水平地与他争执，形式可以多种多样，但必须从提升能力和亲切关怀的角度出发。争执后必须恢复依恋关系，同时向他表明冲突不会破坏我们之间的关系。

如果我们做到了这一点，并且能让孩子相信我们对他的爱是坚定不移和值得信赖的，那么我们将获得奖励——孩子下一个美好的年龄段儿。到那时，一个温顺可爱的孩子将再次回到我们身边。

第五章 从4岁到7岁——幼年

3 岁以后，孩子的变化很大，外貌上的变化也很大。婴儿时圆润和可爱的笨拙消失，身体逐渐舒展开来，儿童特有的轻盈、优美体态开始出现。同时，孩子的行为也出现了巨大变化，任性胡闹已经成为过去，孩子似乎“恢复了理智”。这个时候通常可以与他达成协议，向他解释一些事情。孩子处理情绪的能力越来越强，他学会了等待、忍耐，能接受一些限制，做一些必须要做的事情。

这是一个黄金时期：孩子足够独立，几乎不再需要身体护理，但他仍然很幼小，看起来温和，柔嫩，动人。和他在一起非常有趣，他知道很多事儿，话也说得很好。对于父母来说，这是一段美好的时光，可以和孩子做很多有趣的谈话，进行许多有趣的探索。这是对父母在孩子“抗拒危机”时期所有努力的真正奖赏。

3 岁以后的孩子不再围着妈妈的裙摆转，但仍然需要大人在身旁监护。正如我们记得的那样，在孩子掌握了语言并渡过激烈的“抗拒”时期之后，他现在能够被“远程控制”，现在我们可以借助语言隔着一定距离看护他。不用离孩子太近，只需关注即可。这也体现在语言中。谈到婴儿时，我们会说要“照料”他们，但谈到3岁之后的孩子时，则是要“看着”他们。依恋心理发展到这一阶段，也可以称为“在视线之内”。

共情是一种魔药

到三四岁时，孩子已经基本了解了物质世界，具有了空间概念，知晓事物的分类。现在是探索精神世界、人际关系和情感、概念和形象、角色和故事的时候了。这个阶段，孩子将吸收他所生活的社会文化，这不是指狭义上的文化，不是博物馆和图书馆讲解的内容，而是社会关系、价值观念、地方风俗之类的文化。

他熟悉了身边的事物后，开始同人打交道，因此，对他来说，现在最有趣和最重要的事情就是拓展人际关系。

> 一个两岁的孩子在玩沙子。他的玩伴走过来，不声不响、毫无预兆地从他的手上抢夺小铲，因为他的玩伴也想用小铲挖沙子。小主人不给，他的玩伴就继续抢夺，一场争斗不可避免。
>
> 妈妈们两边劝说，并开始教育孩子："把小铲子给小朋友玩一下，他一会儿就会还给你。""应该请求小朋友：请给我玩一下，而不是抢夺。"或者非常复杂地解释说："你不能贪婪，没有人爱和贪婪的人一起玩。""你为什么要抢别人的东西，要知道现在这个男孩儿不想给你玩，你要是礼貌地问他，他就会给你玩一会儿。"

也许其中一个孩子会听妈妈的话，也可能不会，这时就必须将他们分开，安慰他们，提出其他游戏建议，以分散他们的注意力。但是，即便他们听了妈妈的话，事情和平解决，对他们来说，这也只是一个在妈妈的命令或帮助下得到或没有得到小铲子的事件。总之，这件事儿和是否贪婪、礼貌无关。

对于一个两岁的孩子来说，他们还不会思考复杂的问题，例如，“如果我这样做，他们会不会与我交流”“如果我这样做，他会不会做出那样的反应”。更不会从社会规范层面思考问题，例如“朋友应该分享，贪婪是不好的”之类的问题。他们只对小铲子和自己的需求感兴趣，所有者会保护自己的物品，掠夺者想得到自己感兴趣的物品。

这里顺便提一个简单的问题：为什么成年人会默认在礼貌的请求下立即将玩具送出去是正确的？如果有人过来请求你，想要用你正在使用的笔记本电脑，你会给他吗？

5 岁就是另外一个样子了。如果一个 5 岁的孩子突然走过来，从一个同龄人手里夺走玩具，他真正的目标很可能不是玩具，而是其他。比如，他需要引起别人对自己的关注，或者表明自己更强壮，甚至是复仇（如果在此之前他被冒犯过）。如果他真的需要小铲子，他会提出请求。遭到拒绝后，他可能会威胁说："你不给我玩的话，我就不和你一起玩儿了。"或者责备说："你怎么啦？这又不是巧克力？"也可能会说："给我玩一下吧，咱们俩是好朋友呀！"也就是说，现在他生活在一个充满人际关系的世界中。

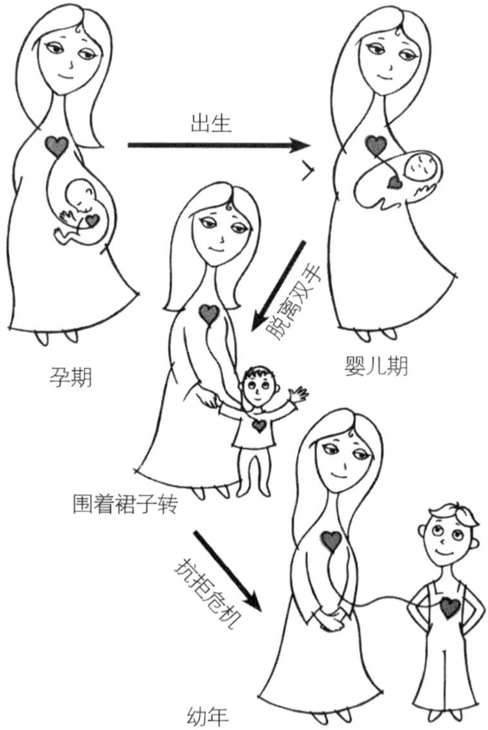

这个年龄的孩子就像天线一样，可以敏感地捕捉到互动的状态、对方的反应和社会规则。他们通常很清楚可以和谁在一起，不可以和谁在一起，谁喜欢谁，谁不喜欢谁，谁和谁吵架了。父母即使尽量假装没有吵架，孩子也能立刻感觉到紧张并警觉起来。

在家庭中，如果他和父母的相处模式是多样化的，感觉安全，那么他就有机会了解、探索情感和关系世界中所有的细节和细微差异。如果成年人跟他谈论孩子的感受，以及成年人自己的感受，那么他可能会从中发现不同状态和情绪的差别。

这时的孩子如果看动画片的话，不再对《天线宝宝》这类简单的故事感兴趣，他需要的是更多情节、更复杂的感情和人际关系的内容。看书也是如此，比如楚科夫斯基[1]和马尔夏克[2]儿童读物中欢快的韵律所带来的纯粹快乐不再有吸引力，他们更感兴趣的是神奇的童话故事，带有“续篇”的长篇故事。

到五六岁时，以前只关注自身，关注自己的感觉、欲望和需求的孩子，开始逐渐转向关注他人，对别人的欲望和状态产生兴趣。他开始尝试设身处地为他人着想，试着扮演他们的角色。这种理解、感觉他人状态的能力，对于以后提升生活能力至关重要。

---

[1] 楚科夫斯基（1882—1969年），苏联作家、批评家、翻译家、儿童文学作家，创作了许多深受儿童喜爱的童话作品。——译者注

[2] 马尔夏克（1887—1964年），苏联诗人、儿童文学作家，在世界儿童文学史上占有重要一席。——译者注

哪个父母不希望自己的孩子将来讨人喜欢，不希望他有很多朋友，受人爱戴呢？哪个父母不希望有人乐意和自己的孩子组建家庭，和自己的孩子一起愉快地工作呢？即使在童话中，仙女在祈求智慧与美丽的祈祷词中，也必定会说："所有人见到她都会感到高兴。"就连一些孩子的名字，都带着父母希望孩子被人接受、喜欢和爱戴的愿望。

当然，现实中，这种令人非常愉快的感觉，不是由仙女的愿望或名字决定的，而是由理解、感觉他人状态的能力——**共情**的能力决定的。

与一个善于共情的人交流，是简单而愉快的，他知道什么时候应该保持沉默，什么时候表示支持。不需要做太多解释，他就能猜到我们的内心是否痛苦，或者是不是想要独处一会儿。虽然我们没有意识到这一点，有时也无法解释这种情况，但是我们会在不知不觉中将一个善于共情的人视为"容易相处的人""令人愉悦的人"，而且想与他共处，想与他一起工作，想与他成为朋友，与他打交道。

在工作中，即使竞争对手更有资格胜出，善于共情的人通常也会因为具有良好的关系而获得支持。他们可以保持并维系良好的人际关系，有足够多的朋友，即便性格内向，外貌不是很出色，也有很多人期望与其发展婚姻关系。

相反，不善于共情的人很难相处，每当考虑是否要与他继续交往时，人们都会下意识地选择“不”。不善于共情的人，往往会因为行为不当而陷入尴尬的境地。

每个地方都有一些关于傻瓜的故事。

一个傻瓜在葬礼上跳舞，在婚礼上哭泣，因此他被这些活动的参与者追打。当然，他被称为“傻瓜”，不是因为他不懂乘法表，而是在情商方面，他缺乏辨别他人感情的能力。

形成共情的基础，可以追溯到孩子出生的第一年，即成年人积极回应孩子的情绪中。学龄前，孩子会有意识地共情，孩子不仅关注他人的感受，还开始识别并说出来。他可能会问妈妈“你为什么这么难过”或要求爷爷“不要生妈妈的气”，尽管爷爷并没有说话，甚至他自己可能都没有意识到自己在生气。

投射能力同样重要，投射能力能够让孩子辨别并说出自己的感受和需求，这种能力是心理健康的标志之一。相反，共情障碍、情绪低落、无法辨别并说出自己的情绪，通常与心理问题有关，会导致身体出现疾病。

如同任何一种精密仪器一样，共情和情感沟通的能力最好在安全和多样化的环境中发展。如果住在油漆厂或垃圾场附近，我们很难产生敏锐的嗅觉；如果皮肤上布满老茧和疤痕，就不可能有灵敏的触觉。因此，那些整日争吵不休的家庭，家庭成员存在公开或隐秘敌意的家庭，或经常处于紧张、焦虑气氛中的家庭，生活在其中的孩子，常常不愿意感受情绪，这导致他们在感情中有一种保护性的麻木。

与成年人很少交流的孩子，大部分时间都由自己支配，他们总是独自一人在自己的房间里玩耍，与父母之间缺乏直接的、生动的交流，在他们身上很难培养出共情能力，因为培养这种能力所需的素材，在他们的生活环境中太少了。

共情和投射是情商和社交智慧的重要组成部分，它们对个人生活质量的影响，远远大于学业成绩的影响。因此，对孩子未来的贡献最大的不是各种兴趣班、培训班，而是与家庭成员进行丰富、多样而生动的交流。当然，在与孩子的交流过程中，成年人在情感方面要表现得成熟，能够关注自己以及周围人的感受。

幼小——意味着脆弱

婴儿总是本能地与家长近距离接触，因此，学龄前儿童已经意识到他对父母的爱。他有意识地、满腔热情地、全心全意地爱着父母，他能够觉察到，在这个世界上，这些人对他而言是最珍贵、最重要的。

正是在这个年龄，我们从孩子那里听到真正的爱的表达。当然，即使是两岁的孩子，也可以跟着我们说“我爱你”。但是，5 岁孩子这样说，内涵则大有不同，因为这种感觉是他从内心生出来的，不是模仿，而是他自己的感觉。

这个阶段，孩子的礼物也会如潮水般朝父母涌来，比如绘画、贴花、工艺品、自制的三明治。三明治上面的香肠片切得弯弯曲曲，为了看起来“漂亮”，还会放上莳萝的嫩叶。

学龄前儿童的父母不仅会受到孩子的爱戴，更会受到崇拜和赞美，比如“妈妈是最美丽的”“爸爸是最坚强的”。孩子喜欢炫耀他们的父母，他们在画父母肖像的时候，会把父母描绘成英雄，并给他们穿上华贵的衣服。

跟随行为在这一阶段得到了充分的体现。这个年龄段的孩子真的很想讨好父母，想达到他们的期望。他们遵守规则，想表现得更好，对父母的话总是言听计从。当然，他们有时也很顽皮，但是很少在琐事上争取“权利”。

理解不同年龄段孩子的需求，可以更好地了解孩子的行为。例如，父母通常对学龄前孩子第一次说谎感到震惊：我们温顺可爱的孩子真的会如此大胆地说谎吗？我们听话的小跟班儿哪里去了？

不管有多奇怪，他们此时的表现就是这样。这个年龄段的孩子经常撒谎，因为他们担心自己的行为让成年人不喜欢，这对他们来说很重要。

说谎比错误行为本身更令成年人生气，但这种事儿孩子暂时还不能理解。欺骗似乎是解决问题的一种简单方法：他说什么，一切便是什么。如果父母说出诸如“诚实地告诉我，我不会生气，但我会因为说谎而惩罚你”这样复杂的话语，孩子会迷惑不解，因为他知道他做错了什么，这恰恰是他撒谎的原因。为什么爸爸没有因为他做错事生气，却因为他说谎而扬言要惩罚他呢？通常，类似的话语会使孩子更加困惑，他们只能保持沉默，或者无所适从地重复谎言，以至于激怒父母。

最好是利用孩子天生希望成为父母眼中的好孩子这一需求，对他说：“我喜欢你说实话，我期望你成为一个诚实的人。”但是，如果孩子害怕父母或担心受到严厉的惩罚，这当然是行不通的。

所有一切都很美好，但是，就像任何非常美好的故事一样，故事通常也有不好的一面。这个年龄段的孩子以大人为导向，并且“容易被利用”。他不设防，没有与人发生冲突的能力，没有对分离的强烈渴望，他们敏感又容易相信人，这就是他们极其脆弱的原因。他们很容易受伤，可能会受到严重的精神伤害，导致精神创伤。

几乎所有的儿童精神障碍都是从这个年龄段开始的，比如口吃、抽动症、恐惧症。像被打一巴掌、被侮辱这种可怕的行为，以前很快就会被遗忘，现在则会植根于内心深处，使他深受伤害。在这个年龄段，孩子敏感而脆弱，如果被虐待，足以产生持续数年的不良后果。一次毒打，一次锁在黑暗的壁橱里，一次威胁要送去孤儿院，都会造成他成年之后甚至变成老人，在面对心理医生时仍会痛哭流涕，因为这些从他心灵中拉扯出来的记忆碎片充满了痛苦和鲜血。事实上，所有关于心理治疗的经典著作，都是基于这一阶段出现的精神障碍病例创作的。

这个年龄段的孩子很难应对家庭冲突、父母离异、家人分离、疾病和亲人离世带来的伤害，他们还不能完全理解到底发生了什么。他们依靠情感过活，不能深入思考，无法寻求解释，也不会权衡利弊，因此会深受伤害。大一些的孩子则不同，他们已经有一定的能力来解决这个困境，他有家庭之外的帮助，有朋友的支持，可以在一定程度上应对所发生的事情。

床下的怪物

儿童恐惧感的高峰出现在五六岁，这时他们的想象力丰富，形象思维能力已经发育得很好，但还没有批判性思维和逻辑思考能力。因此，他们相信床下真的有怪物，壁橱里有骷髅。父母试图通过常识来应对孩子们的恐惧，比如用灯光把床下照亮，和孩子一起往里看：没有怪物，真的没有。但当父母离开房间，关上房门时，他们又觉得房间里有东西在动，咯吱咯吱……

敏感、富有想象力的孩子特别容易受到伤害。他们的恐惧感非常强烈，这令他们异常痛苦。这个年龄段的孩子通常足够聪明，他们明白自己的恐惧是不合理的，但是常常羞于告诉父母这件事，只能独自忍受。

如果父母不愿意以同情的态度对待孩子的恐惧，而是喜欢羞辱孩子或让孩子承认他在凭空编造，那么，孩子就会困在恐惧的“怪物”里。有时孩子害怕说出来，是因为他觉得只要开始说话，恐惧感就会出现。有些孩子多年生活在这种恐惧的折磨中，没有得到任何帮助，他们的家人甚至不知道发生了什么事儿。

重要规则！孩子的恐惧是用形象的语言描述的，对付它也可以借助想象。儿童心理学家经常建议孩子把恐惧的形象画出来，如果孩子愿意，可以把画撕成碎片烧掉、埋掉或冲进厕所，还可以通过把可怕的形象变得可笑和奇怪来改变孩子的想法。有时候，写一个关于恐惧形象的故事也会对孩子有帮助。

我女儿上一年级的时候，偶然听到大人讲恐怖故事。故事讲到一个鬼魂在卫生间的镜子上留下了血书，看到这个血书的人全都死了。

有那么几天，我不知道她怎么了，只是发现她非常不愿意去卫生间洗脸或淋浴。最后，她下决心告诉我这件事儿，说的时候，她脸色苍白得甚至说不出话来。我对她解释说根本没有这样的鬼魂，我一生都没在镜子中见过类似的东西，这种说法对于消除她的恐惧没有任何意义。我心里想，看来要对编出这个故事的才华横溢的小作家说一些温暖抚慰的话，才能把她从恐惧中解救出来。于是我把杂志放到一边，开始思考怎么做。

那时，我正好和她有一个关于书法的话题：她的书写很不整齐，老师每天都在她的家庭作业上写许多带有惊叹号的红色文字来做评语。总之，这是一个令人紧张的话题。

我马上写了一个故事，讲述一个鬼魂来到老师身边，并在她的镜子上写了类似"你今天会倒霉，哈哈哈！"这样的话。老师走进浴室，看见写得歪歪扭扭的字，非常生气，就用牙膏在下面写道："你的书写斜度[1]在哪里？

[1] 俄语手写体一般都有斜度，是斜体的。——译者注

重写！！！”从那以后，再也没有人见过那个鬼魂。

孩子笑了很久，然后就去洗澡了。顺便说一句，她对笔记本上的红色评语也有了更冷静的反应。

她的两种不安情绪就像发生了正面碰撞一样，明显因为这个故事削弱了。如用劝说和讲道理来安抚孩子强烈不安的情绪，几乎毫无作用。

五六岁的孩子更容易产生恐惧，这与死亡概念有关。这时的孩子发现人会死，他自己终有一天也会死去，他的父母也是如此。对于成年人来说，有些孩子的死亡意识危机来得悄无声息，而那些对死亡意识非常敏感的孩子，不得不忍受这种恐惧带来的痛苦，不能确定哪一种方式更好。延迟的、压抑的危机，对死亡无意识的恐惧，会对孩子以后的成长产生影响，潜在地伤害孩子的生命本身。

曾经有4年我是永生的，
曾经有4年我是无忧无虑的，
因为我不知道我未来会死亡，
因为我不知道我的生命不是永恒的。

——萨·马尔夏克

确实是这样，一个人只有了解并意识到死亡这个事实才会变回凡人。在这个年龄，孩子突然发现，所有人终将死去，不清楚这是谁规定的，也不清楚是何原因。父母死亡通常比他自己死亡更令人恐惧，因为这时的孩子不会想到他以后可能会有自己的家庭和孩子，他认为自己将会孑然一身，无依无靠。

每个家庭可以根据自己的世界观、信仰和观念，来决定如何回答孩子有关死亡的问题。重要的是，要关注并接受孩子的感受，因为实际上这是他生命中第一次面临父母无力应对的威胁。如果成年人急于转移话题，并以“别想得太多，没人会死”之类的空话逃避这个问题，孩子会变得更加恐惧，因为父母显然在害怕。

注意！不要回避孩子的死亡意识危机，让孩子在爱他的成年人的支持下面对实际存在的死亡恐惧会好得多。毕竟除了拥抱，我们对于孩子产生的死亡恐惧真的无能为力。但是，尽管我们知道所有人终将死去，但我们仍然敢于去爱。

以后，孩子还有时间“适应”这种死亡意识危机，并学会坦然面对，比如幼年时听“恐怖故事”，并偷偷闯入地窖和墓地，少年时进行各种各样的冒险实验，青年时开始思考什么是可以信赖的，应该为何而生，为何而死。现在他还这么小，我们能做的只有紧紧地拥抱他，让他相信我们会和他一辈子在一起，永远不会停止爱他。

小心，不要颠倒角色

对父母满腔热爱，非常依恋父母，是这个年龄段孩子有意识的行为。这个年龄段结束时，如果一切顺利，他的依恋就会“迸发出来”。这意味着孩子已经充满爱心，开始觉得应该去关心别人了。

五六岁正是孩子提出要求的高峰期：给我生个弟弟或妹妹，或者我们养一只小猫或小狗吧！好吧，至少要养一只仓鼠！他真的很想去关心，去爱，去付出。当然，孩子以前也会做他想做的事情，但是现在他6岁了，他能发现别人的需求，意识到这种需求后，就想要去关心别人，比如给我们端茶，拿拖鞋。如果我们摔倒了，他会很心疼，如果我们累了，他就不再吵闹。

叶莲娜·布拉吉宁有一首非常感人的诗，准确地描述了6岁左右孩子的状态。

妈妈睡着了，她很累……

好吧，我不玩儿了！

我不去抽陀螺，

而是静静地坐下来，一直坐着。

我的玩具不发出一点声响，
静静地待在屋子里，
一束金色的阳光悄悄照在
妈妈的枕头上。

于是我对照进房间的阳光说：
——我也想活动一下。
好多事情我真想做：
我想大声地阅读和拍球。

我想唱一首歌，
我想哈哈大笑……
我想要的还有很多！
但是妈妈在睡觉，我要保持安静。

阳光穿过窗子，
轻轻地滑过我的身体。
“没事儿，”它似乎在小声说，
“让我们一起安静地坐着吧！”

孩子有爱心这件事本身很好，但也存在很大的风险。此时孩子已经准备好要扮演强者、关怀者的角色，如果家长突然扮演软弱、无助、可怜的角色，这种颠倒的角色就可能变得稳定、固化，从而出现一种反向依恋——亲职化。从字面理解，亲职化就是孩子成为父母的家长，他们“抚育”父母。

一个亲职化的孩子，会像照顾弱者一样照顾父母，担心父母生病，担心妈妈劳累，担心家里没有钱用。他随时准备牺牲自己的利益，不提任何要求和条件，常常使用不属于他这个年龄段的“合理”语言：“我能应付得来”“这对我们来说太贵了”。他会隐藏自己的问题甚至伤害，只是为了“不让妈妈难过”。他也会放弃自己的感受，比如，为了“不让妈妈伤心”，拒绝对离世父亲的想念和对他的爱。

这种情形通常发生在运转不正常的家庭中。例如，一个 7 岁的孩子就已经知道如何让父母戒酒，如何将他们拖出院子，如何隐藏酒瓶不让父母找到。这种情况有时也发生在运转正常的家庭中，例如，因为离婚或失去丈夫，母亲成为单亲妈妈，妈妈感到生活很艰难，没有人帮助和支持她，没有人能接纳她的情绪，于是开始向孩子抱怨，寻求孩子的安慰和支持。或者坦率地说，她无法过好生活，导致孩子在情感上被“利用”，逐渐成为妈妈的心理子宫。

通常来说，父母经常发生矛盾，孩子也会亲职化，因为他必须不断地调解两个人的关系，并成为争吵双方的“联系纽带”。“你去告诉你的爸爸晚餐在餐桌上”“告诉你的妈妈今天我要晚点儿回家”。面对患有严重抑郁症的父母，他们的孩子不得不把安眠药藏起来，恐惧地站在被母亲反锁的浴室门外，仔细分辨里面的声音：妈妈不会在浴室里做什么伤害她自己的事儿吧？

有时，没有任何客观原因，每个人身体都很健康，家庭富裕，生活一切正常，但父母在孩子面前表现得软弱和可怜。比如，父母总是习惯在家中抱怨，发牢骚。“我烦透了这一切”“天气真糟糕”“工作太烦了”“钱不知道都花到哪儿去了”“我就像撞在冰山上的鱼，每天都没有好事儿”“我们总是什么都不顺”……

对于父母来说，这可能只是一种习惯，甚至有些卖弄色彩在里面，有时则是一种模糊的迷信：不要承认一切都很好，否则你会倒霉的。对于孩子来说，所有这些抱怨都是因为父母无法过好生活。既然父母不能过好，那该怎么办？显然，那就需要我努力担起责任。那么，好吧，再见，童年！

> 我多年来为父母提供咨询时，注意到这样一个奇特的规律。一旦经济形势恶化并发生经济危机，出现关于即将失业、薪水不足、物价上涨的言论，与儿童盗窃相关的案件数量也会随即上升。特别是那些因成年人无能而饱受精神创伤的儿童，一旦他们听到父母这样的谈话“我们以后该怎么生活呀”“没有足够的钱，怎么去偿

还债务……”这可能只是餐桌上家庭成员间的对话，并不是说给孩子听的，但孩子内心马上会说，“好吧，既然父母无法应付，我必须自己挣钱。”这种无意识的焦虑会导致盗窃，有时他们的父母也会出现这种行为。

孩子一旦建立起这种颠倒的依恋关系，以后他们就很难摆脱，总是担心父母无人看管。当然，也有恶性亲职化的现象。有的妈妈（通常是妈妈，有时是爸爸）有意识地、有计划地把孩子带入这种关系，以此来控制他，让孩子永远待在妈妈身边，哪儿都不能去。

大多数情况下，父母都不想让这样的事情发生，每个人都梦想自己的孩子能够开心快乐，独立面对生活，建立自己的家庭，但他们还是想要发牢骚、抱怨，希望能有人怜惜自己。

注意！在享受孩子“小大人”式的爱和关怀时，重要的是要维持各自的角色，不要滥用孩子的帮助和怜惜。如果六七岁的孩子因为不确定其他人是否能够吃饱而特意少吃；如果因为“我们的钱不够用”总是放弃购买的诱惑；如果总是过于听话并且尽量不让父母为自己操心，包括发生一些很严重的事情，比如受了很严重的伤，有人欺负他，这个时候，我们不要因为孩子有这样的早期意识和独立性而高兴。

值得思考的是，孩子是否对家庭成员承担了过多的责任，是否放弃了自己作为孩子的权利，是否为了支持父母放弃了正常儿童以自我为中心的特点。

当孩子对我们表现出“小大人”式的爱和关怀时，此时我们应该对他说：“非常感谢你的支持，但现在一切都结束了，谢谢你，我能应付。”

记得我儿子小的时候喜欢玩儿角色互换游戏，好像我是一个孩子，他是我的家长，他让我上床睡觉，给我唱歌。

很多五六岁的孩子都玩过这样的游戏，而且这对父母来说也是一个令人愉快的游戏，尤其是当他们下班后感到疲倦时。

在游戏过程中，孩子不时地停下来，探寻地看着我，问道：“我们只是在玩儿，对吧？”他想确认现实生活中我们原有的角色关系是否仍然保持不变。当然，我没有忘记此时谁是成年人，谁是孩子。

在我们头痛时，孩子会踮着脚尖给我们拿来拖鞋，给我们泡茶，或者从幼儿园带糖果回来给我们，这些行为都很正常。

重要的是，要让孩子在所有其他生活场景中得到保护和照料，不要让他怀疑我们成年人具有的能力。

玩耍阶段

在这个年龄段，游戏是孩子最喜欢的活动和最重要的事情。以前，他探索世界，征服世界，现在他要让这个世界变得多姿多彩，成为它的主人。

似乎没有什么是孩子不能用来玩游戏或幻想的：用树叶做盘子，墙纸上的图案是遥远王国的魔法之路，用妈妈的旧床罩做房子，用妈妈的睡衣当公主裙。这时孩子会玩儿玩具，也会玩儿不是玩具的物品，包括文字和图像游戏，甚至还会扮演父母。

早上醒来后，他可能会说今天他是小老虎，你们必须是老虎妈妈和老虎爸爸。不一定要穿得像老虎，但在他需要的时候，要像老虎一样大声吼叫。他可能会给自己安排一个看不见的朋友，和“他”一起玩耍和聊天，他相信自己臆想出来的朋友是存在的，这让父母感到有些害怕。

他会玩儿自己的手指，想象它们是恐龙。他会同白云玩耍，把白云当成大象和野兔；他会用纸折出一艘小船，或者玩皮球、石头、棍子、绳索、玻璃球、粉笔或煤球之类的东西。即便是一湾水洼或一堆沙子，也能变幻出成千上万种不同的游戏。

这个年龄段玩的游戏多种多样，但有一个共同点：它们几乎都是基于同样一种思维机制，即赋予物体另外的意义，并将其带入角色。无论是棍子变成剑，父亲变成野马，还是地毯上弯曲的条纹是神秘的咒语，倒放的椅子是坦克，都是对人或物赋予新含义的行为。

实际上，这是所有人类文化的基础。人类文化和文明始于事物、活动，人类会赋予其本身意义以外的其他意义。比如，在岩洞石壁上出现用煤炭画的描绘狩猎的符号，葬礼中播放的哀伤乐曲，在住宅门口放置的镇宅物品，寓意该住宅受到保护。就算语言本身，也是将发音器官发出的声音赋予了意义的结果，最终这种声音变成了单词和短语，不再仅仅是声音。

从婴儿期到幼年，孩子开始学会赋予事物本身意义以外的意义。一个两岁的孩子，玩积木就是玩积木，他在玩积木之前需要学会如何操作它，如何把积木放在正确的位置而不倒塌。他像小猫、小狗一样玩儿这个东西。但是，当3岁的他在地毯上放了一块积木，说“嗵嗵嗵”时，此时积木不再是积木，而是拖拉机，这意味着学习过程已经开始。这时孩子既不认字也不识数，但他正在为接受教育做准备，教育的基础仍然是对这个角色的介绍。

为了阅读和写作，我们首先必须相信这些字符串组合中，A代表相应的声音，M代表不同的声音。如果以一定的方式排列这些字母，那么“MAMA”的组合将代表一个非常重要和喜爱的人，尽管看起来这些笔画和妈妈没有什么关系。

所有的数学最终都是基于接受和相信x是个数字，习题中的情景都是假定的。除非孩子能接受这个条件，否则他就会像匹诺曹一样说：“即使涅克特和我打架，我也不会把苹果给他。”

学龄前的孩子有能力赋予角色某种意义，他进入角色的能力十分强大。这种能力在不间断的角色扮演游戏中，在可供玩耍的多种多样的材料中，在完全不同的情境下，不断地得到完善和“提升”。实际上，一个幼年的孩子绝大多数时间不是在睡觉和吃饭，而是在训练并提升这种能力。

除非有人剥夺他的这种能力！

自由自在的角色扮演游戏，在当代孩子的生活中不断消失。电影和电脑游戏占用了他们太多的时间，这些游戏提供了现成的故事和图片，孩子实际上丧失了独立思考，构思画面、角色和情节的机会。玩具行业正在制作更详尽、更细致的仿真玩具，孩子已经失去幻想和角色扮演的空间了。

当奶奶昨天送给我一个“像真的一样”的厨房玩具，里面有各种各样的盘子，甚至有现成饭菜的塑料模型时，我怎么还会用牛蒡叶做盘子，用青草做沙拉呢？

对于许多父母来说，一个好的幼儿园是孩子们“参与”和“成长”的地方，同时父母也是“照顾”孩子的好保姆。但是现在孩子一整天的日程都排得满满的：参加英语培训班，学习花样滑冰、国际象棋和国标舞，玩扎伊采夫积木[1]，看多曼卡片[2]，孩子根本没有自由玩耍和幻想的时间，一切都要按照日程表进行，一切都要按照规定进行。

> 一天，一个漂亮女孩儿的父母来咨询。“我们的孩子 1 岁零 9 个月了，”他们说，“她已经被第二个兴趣班赶出来了。”
>
> 她怎么了？因为女儿不听老师的指令。
>
> “正如你所看到的，我们为这些精彩的开发课程支付了很多钱。”
>
> 还不到两岁的孩子尚且如此，对于四五岁的孩子来说，排得满满的“开发课程”表通常是很常见的事情，就像家长抱怨孩子“不愿学习”一样常见。

如今，许多“开发训练法”已经变成十分激进的营销策略品牌。父母被各种各样的方式暗示现在就需要对孩子进行投资，否则就晚了，孩子将失去大好前途，他的事业和人生将被断送，他只能

[1] 俄罗斯的一种教学方法，积木的每一面都是俄语字母。——译者注

[2] 俄罗斯的一种看图识物的卡片。——译者注

作为失败者庸庸碌碌过完一生。为了防止这种情况发生在自己孩子身上，请父母立即购买这本书，立即学习该训练法，为这些课程付费。

父母只要购买并付款，那么他们就会对孩子提出要求，并期望达到目的。在这种情况下，他们没有时间给孩子讲童话故事，没有时间让孩子玩自己想玩儿的游戏，也没有时间一起画有趣的漫画，或者一起烤蛋糕，一起摆弄花草，而是让孩子端端正正、规规矩矩地坐在他们面前，正儿八经地“开始上课”。对孩子在上课时走神、精力不集中和孩子的抱怨，父母感到无比愤怒。

所有这一切都显得非常可悲，因为它违背了这个年龄段孩子的自然发展规律，使孩子失去了这个年龄段应有的色彩，并且对他们未来的学业和人生发展毫无帮助。

一系列剥夺老鼠幼崽玩耍机会的实验结果表明：它们的大脑没有完全发育，额叶仍未成熟。

虽然没有人愿意在实验室对孩子进行这种残酷的实验，但是，许多人在现实生活中进行着这种实验。数学老师发现，现代儿童比上一代同龄人在抽象逻辑思维能力上平均晚一年或两年，这很可能是由于缺乏自主游戏造成的。

对于那些父母受过良好教育、自尊心极强的孩子来说，他们的自主游戏被开发课程所取代。而对于父母受教育程度低的孩子来说，他们的自主游戏则被生活中的电视、电影和电脑游戏所取代。

最可怕的是，所有这些令人眼花缭乱的课程，如果父母不将其视为一种娱乐游戏，而是理所当然地期待开发成果，将会损害孩子的依恋，损害孩子与父母之间的关系。家长对“发展”的关注使孩子明白，他自己对于父母来说并不是很重要，重要的是他的学习成绩，他的英语读得怎么样，说得怎么样，或者他滑冰时“蛇形”技巧运用得怎么样。

一些孩子最终会得出这样的结论：和父母在一起，唯一的交流话题是“学习”，父母对其他一切都没有兴趣，他们感兴趣的只有学习内容、学习成绩和学业长进。

如果你想每天得到妈妈至少半个小时的陪伴，那么就表现出对学习感兴趣的样子。看到孩子这样的表现，妈妈会说：“我的孩子很愿意学习，甚至自己主动要求去学习。”那还用说吗，因为孩子想要获得妈妈的关爱，就要摆出爱学习的样子来。

幼年的孩子通常无法反抗，只有尽力讨好父母。然而同时他也意识到：他的成长、他的愿望、他的需求并不重要，重要的是学习结果，获得的成就，能否获得成功，以及在竞争中的位置和表现。

重要规则！对于幼年阶段孩子各种能力的开发，我们能做的就是最好不要干扰他们玩游戏。有时父母还要参与游戏，把家务劳动或室外活动变成游戏。

如果他正在全神贯注于玩乐，不要去打扰他。不要试图去“充实”孩子，就让他感到无聊，就让他长时间观察蚂蚁，或者将石头投到池塘里吧。这不是胡闹，也不是浪费时间，而是成长的奥秘。

玫瑰不会因为你用力掰开它的花瓣而变得更美丽，一切都会自然发生，不需要做任何特别的事情。只要有足够的水和光照，有适当的养分，在适当的时候，玫瑰花就会盛开。

我们对孩子的保护和照顾，起到的就是水和光的作用。幼年的孩子很少需要直接的情绪接纳，重要的是让他知道自己被爱着，他的父母喜欢他，他是个“好孩子”。家长只需为他高兴，欣赏他，享受和他在一起的时光，这是对孩子成长最大的贡献。

安静的角落

努力培养孩子的成年人，有时就像播下种子的卡尔森一样，不断地把种子挖出来，看看种子有没有发芽。

实际上，孩子的学习、成长和发展，不是我们耳提面命的结果，而是这本来就是孩子的天性。为了让孩子主动了解事物，不需要特殊的训练法，只要他对事物感兴趣，不害怕就行。如果孩子和父母待在一起感到一切都很好，父母爱着自己，能够时时陪伴在自己身边，自己就能很好地发展。

如果孩子感到孤独，感觉被排斥，或者害怕父母对自己发脾气和失望，他就无法很好地成长。在这种情况下，他所有的精神力量都被用来控制因依恋而产生的焦虑，哪儿还有闲暇了解事物。正如心理学家所说，**不良情绪会抑制智力发展**，因为边缘系统会反抗，阻止大脑皮层的正常工作，而那里就是进行认知活动的地方。

当孩子感到与父母的关系很愉快时，他就会立即把父母当作靠山，努力去探索外面的世界。

曾经有过这样一个实验，妈妈和一个学龄前的孩子被邀请到心理学家的办公室，办公室放满了各种促进孩子发展的游戏及一些有趣而又难以捉摸的物品。然后，这位心理学家说他需要离开一下，并让母子在办公室里待一会儿，就像“在家”一样。他说：“你们可以看看这里都有什么。”说完，心理学家就离开了。

不远处的墙壁后面有一面特殊的镜子，从这一面看是镜子，从另一面看则是透明的，这种镜子经常出现在心理实验中。

透过这面镜子，心理学家可以观察母亲和孩子会做些什么。通常他们有以下4种行为。

第一种，为了让孩子安静地坐着，什么都不碰，妈妈严厉地教训孩子,他们两个一动不动地等着专家回来。如果孩子想拿什么东西，妈妈会马上制止或夺回来。

第二种，妈妈从挎包里拿出一本杂志，沉浸在阅读中，对孩子一点也不关注。孩子逐渐变得大胆，开始拿起办公室里的有趣物品，仔细观察并玩弄。

第三种，妈妈兴奋地对孩子说：“看，这里有好多好玩儿的玩具！”于是开始向孩子展示这些玩具，并讲解怎么玩。

第四种，妈妈忘了孩子的存在，她兴奋地拿起一个又一个玩具，试图深入了解这些玩具如何玩，是怎么设计出来的。孩子也拿起玩具仔细研究。

随后，心理学家回到房间，用一种特殊的方法测试孩子的认知活动水平。

在继续阅读之前，大家试着猜一猜，哪一组孩子认知活动水平最高？

* * *

认知活动水平最高的是第四种类型，即好奇妈妈的孩子。好奇妈妈所做的一切都以认知为目的，妈妈在旁边探索新鲜事物，孩子也开始模仿。在整个探索过程中，孩子表现得非常自然，并且心情愉快。

排在第二位的是第二种类型。这种类型的妈妈并没有为孩子树立榜样，但由于她们平静地待在孩子身边，令孩子感到非常安全，孩子自然能够获得他需要的东西。

认知能力最差的是被禁止做任何事和被控制的孩子。

如果父母的内心世界和精神世界丰富、有趣，如果父母对一切事物都抱有浓厚兴趣，如果他们在孩子面前与一些聪明又有趣的朋友交往，如果他们在家中谈论的是有趣且热爱的工作，那么他们的孩子就没有什么特别需要学习的东西。效仿和天生的学习需求会让孩子完成该做的事情，一切都会发展得很好，父母无须对孩子施加压力和控制。

唯一需要关注的是，要确保孩子与父母及整个世界相处时不感到害怕。认知活动无法承受强烈的、长时间的压力，如果孩子感觉很不舒服，如果他感到害怕、孤独，那么他就无法获取新知识。

可能每个人都遇到过这种情况。

一个孩子正在玩儿。对他来说，这是真正的认知活动。他正在观察毛毛虫、麻雀、小猫，却时不时地抬头看看坐在板凳上的妈妈。突然，妈妈不见了，她暂时离开了。此时，这个孩子所有的认知活动都会立刻停止。直到妈妈出现，他才会放心地继续观察毛毛虫。

现在设想一下，如果妈妈离开很长时间，甚至彻底消失，那么孩子的求知欲和认知力会怎样发展？抚养曾经长期生活在孤儿院的孩子的养父母，非常了解这种情况，但这种情况也会发生在和亲生父母共同生活的孩子身上。比如，家里发生矛盾，父母经常吵吵闹闹要离婚；父母中的一方酗酒或脾气暴躁，难以相处；在家庭中，孩子总是被指责，被拒绝，或者担心自己辜负父母的期望，让父母感到失望、难过。另外，长期或频繁生病，也会影响孩子的求知欲和认知力。

我非常喜欢戈登·纽菲尔德的说法：**成长来自安静的角落。**无论是儿童的成长还是成年人的发展，都是如此。我们人类的设计就是这样：一旦我们的基本需求得到满足，一旦我们感到平静和舒适，我们就会迫不及待地想要了解一些新事物，尝试一些新的探索。

事实证明，为了使孩子能够健康成长，使他们的认知能力蓬勃发展，我们有很多事情需要做，包括父母的关爱、良好的家庭氛围、安全感和信任。不要打扰、禁止他做想做的事情，不要总是限制他。同时，也不要把他保护得密不透风，意外、风险和适度的压力也应该出现在孩子的生活中。

当然，所有这一切都需要父母付出巨大的精力和智慧，虽然这和那些从早到晚忙着“开发”孩子智力、能力的父母的想法完全不相符。

你会和我交朋友吗？

独自玩儿或与父母一起玩儿，对孩子的成长来说意义重大。但是，最吸引人、最丰富多彩的角色扮演游戏，只能发生在一群孩子中。3岁或接近4岁的孩子发现，他们的同龄人不再是沙坑中抱着自己喜爱玩具的人，而是可以与之一起演绎共同情节、分配角色、建立关系的人。

一个幼年孩子生存发展需要的社会环境是一个小群体，一个由少量孩子组成的小群体，通常人数不超过9个。这些孩子的年龄差距在两三岁之间，这样的群体可以在没有成年人的看护和参与下持续玩一整天，除非出现特殊情况，比如有人严重受伤，有些东西让他们感觉很害怕时，这个小群体才会解散。中午他们会跑回家，随便“拿出”一些食物，和小伙伴们简单吃点儿就应付过去了。

这种与在同一个院子、同一个村子或同一片儿别墅[1]的小伙伴儿度过的童年时代，通常会成为他们长大后深刻怀念的过去。

在这些游戏中，孩子们学会了在生活中建立非等级关系——不同于与父母的关系，这是一种平等合作、相互协作及竞争的关系。那些有兄弟姐妹或者幼年时期有固定玩伴的人（例如父母好

[1] 俄罗斯家庭一般在郊区会建一座简单的木屋，节假日可以去休息，称为“别墅”。——译者注

友的孩子），在这方面已经有了一定的经验，有些孩子则必须从这时开始学习。

在小群体中，他们需要学习的东西可真不少，比如如何进入游戏，如何结束游戏，如何决定将要扮演的角色，如何分配角色，如果有人作弊该怎么办，如果没有人愿意扮演“坏人”、所有人都争着演英雄怎么办。

> 学龄前儿童建立伙伴关系的轻松程度令人惊讶。一个孩子看见公园里有另一个孩子，马上走过去说，“让我们一起玩儿吧”，或者说“让我们成为朋友吧”，得到的回答几乎总是“好啊”，于是开始玩得不亦乐乎。几个小时后，大人们已经很难把这对新朋友分开。
>
> 有些父母之后会问，“你喜欢这个女孩儿吗？”“她叫什么名字？”“她住在哪里？”听到的回答也常常令人惊讶：“我不知道”“我不记得”“我没问”。正如俗话说“来得容易，去得也快”。

孩子间的关系很容易建立，也很容易破裂，因为这种人际关系没有选择性，没有利益因素。谁是你的女朋友？就是那个我碰到的人、住在同一栋楼里的那个人、和我分在一个小组的人。

因为任何小事，孩子都可能会威胁说：“我不和你做朋友了。”也有可能是这种情况，两个孩子原来是好朋友，甚至是很好的朋友，突然某一天身边出现了一个新的女孩儿或男孩儿,新伙伴有些特别,也很有趣，于是老朋友就被遗忘，孩子被新认识的朋友迷住了。

对于大多数学龄前儿童而言，他们的伙伴与其说是一个独特的角色，不如说是一个女孩儿或一个男孩儿。维系他们伙伴关系的因素，仅仅是“我们住在一个院子”，或者是“和我们一起玩儿的那个人”。孩子只是把伙伴当成一个纯粹的玩伴儿，对他没有任何情感投入。吵架、和解，对他们来说只是一种仪式，一种场景，其间既无分别的痛苦，也没有和解的喜悦，与成人间的那种深刻冲突截然不同。

可以说，孩子更多的是在与同龄人打交道，而不是与他们建立深厚的关系。因此，对于学龄前儿童而言，很多事情都有一个明确的处理规则，遵循惯例或现成的公式：“谁会玩儿……”“谁是最后一个,他就是……”“喂,我在小屋里。”“和好吧,和好吧,再也不吵架了。”这让处理出现的新情况变得简单，因为他们对这些新情况缺乏个性化的态度。

但也有例外。有些幼年的孩子对同龄人的感情如同对家人一样强烈，他们能深刻地感受到难舍难分或被排斥疏远，有些持续一辈子的友谊可能就是从一起玩儿沙子开始的，但这更像是例外情况。对于孩子而言，真正的友谊，真正的冲突，能够与依恋关系相提并论且深刻复杂的平等关系，都会发生在他们身上，只是现在还为时尚早。

幼儿园是必要的还是可怕的？

在一些家庭中，把孩子送到幼儿园仅仅是因为没有其他选择，因为妈妈要去上班。另一些家庭没有这种需求，但有来自上一辈人和社会的压力，他们说孩子需要“社会化”，否则以后“在学校里会很难相处”。很多家庭经常陷入茫然，甚至为是否要把孩子送去幼儿园而争吵，于是有些人来向我咨询这个问题。

首先需要明白的是，把孩子送进托幼机构是由我们的生活方式造成的。生活在大城市里，工作地点离家很远，父母没有精力整天照看孩子，在以前的农村，则根本不存在这个问题。

处于依恋发展阶段的孩子，实际上他们只需由成年人照看，平日他们自己做该做的事情，有时还会尽可能多地帮助父母做家务，所有这些都要求不能与父母分开一整天。而“社会化”，即与家人以外的人进行交际的能力，孩子是在与邻居孩子玩游戏、争吵及和解的过程中获得的。现在，大多数人都不会让孩子一个人在院子里玩耍，一定会有一个成年人“陪伴”。也就是说，这个成年人此时无法做其他事情。

只有极少数不需要在办公室处理事务，工作时可以自由活动的人，才能既上班赚钱，又兼顾照看学龄前儿童。因此，询问“孩子是否真的需要在幼儿园中成长”这个问题的答案没有意义。

儿童成长过程中，并不包含“幼儿园”这种教育形式。几千年来，孩子们都是在没有幼儿园的情况下长大的。幼儿园不是以“学前教育、能力发展和社会化活动”的方式出现，而是作为儿童照看机构出现，目的是让母亲们走出家庭，开始工作。是的，老一辈人无法想象孩子不上幼儿园会怎么样，但是人类历史证明，没有幼儿园是完全可行的。

另一个极端是将孩子上幼儿园视为一种灾难。如果幼儿园对每个孩子来说都是必不可少的，是强制性的，那么就会变成灾难，这就像给甜蜜的家庭生活施加暴力一样。但是，作为一项社会服务和一个让家长抽身外出工作的机制，幼儿园并不是灾难。如果家庭有必要将孩子送入幼儿园，只要这项服务的质量很好，它就不会变成可怕的事情，孩子在幼儿园也会感觉很好。

孩子不被强制“社会化”，没有“为上学做准备”的压力，只要感觉在幼儿园很舒服就足够了。正如我们所知，要做到这一点，条件是孩子能够受到成年人足够的保护和照料，幼儿园和老师愿意满足孩子们的需要，能够考虑和重视他们的感受。

从群体中的孩子有能力分配角色的事实表明，4 岁以后的孩子更容易接受父母之外其他成年人的照料，比如幼儿园老师。如果幼儿园老师让孩子感觉可以依赖，乐于接受她的保护和照料，孩子就会逐渐对她产生信任，愿意跟随她，同这样的替代者在一起，孩子一样会感到很自在。

当然，如果孩子在幼儿园面对的是暴力、冷漠或幼稚行为，比如幼儿园老师不想成为父母的替代者，而是觉得自己比孩子的父母更权威，试图控制孩子，教训、斥责他们，孩子就会感到恐惧。某些儿童看护机构的工作人员似乎坚定地认为，孩子和父母的存在是为了让幼儿园能够良好地经营下去，完全不认为自己的想法其实是本末倒置。

在为孩子选择幼儿园时，与其重点着眼于开发课程的硬件和时间表，不如着眼于幼儿园老师的品行和个性。比如，她如何同孩子说话，是否与孩子进行单独交流，说话时是否看着孩子的眼睛，是否会拥抱他们，是否关注孩子的状态，而不仅仅是关注孩子的行为。孩子喜欢老师吗？老师能吸引孩子的注意力并让孩子愿意跟随她吗？能在不使用暴力的情况下而让孩子保持开心和快乐吗？一个老师照看几个孩子？即使是一个天才教育家，也无法同时应付 25 个 4 岁的孩子，并保持与他们足够多的单独交流。老师是否忙于与孩子无关的活动？比如填写工作表格，进行清洁消毒或者备课。要知道，对于孩子来说，他在幼儿园的生活很简单，如果和成年人缺乏经常性的接触和交流，那么他可能会感到紧张。

孩子在幼儿园里感觉如何，首先取决于幼儿园老师与孩子的关系。当然，父母喜欢老师也是很重要的一点，这样父母才能对幼儿园老师建立信任并放心地将孩子托付给她。

今天的父母当中，有些人童年时曾在幼儿园遭受伤害，我便是其中一员。幼儿园对我来说就像是一场噩梦：强迫进食，午睡时遭受折磨，工作人员大声呵斥，受到侮辱性的惩罚。因此，我根本不想把自己的孩子送到幼儿园，为什么要让我的儿子遭受这些？

幸运的是，孩子有祖母可以照料他，他可以安心地留在家里。祖母会和他一起散步，他多数时间都在小区里尽情玩耍。我家所在的小区里有几个小朋友，他们可以一起参加兴趣班，这对孩子来说就足够了。

但是，我女儿的情况有所不同。从 3 岁起，她就喜欢自己跑到隔壁幼儿园的围墙那里，想和那里的孩子一起玩耍。在她 4 岁半时，我们终于还是把她送进了幼儿园。说实话，我们只付了半天的费用。她真的很喜欢那里，从那时起，我对幼儿园的看法也逐渐开始发生转变。

我真诚地感谢她的老师，一个性情非常平和的中年女士。她似乎从来不进行集体训话，而是和每一个孩子单独交流，看着他的眼睛，叫着他的名字，甚至把手放在孩子的肩膀上，以免他分心。孩子们显然信任并很听她的话，这个班级中没有争吵和打斗。

家长彻底信任她是因为她生病，连续 3 个星期没有上班那段时间。当时，幼儿园频繁更换经验不是很丰富

> 的老师代替她，这个班级很快就乱了套。孩子们早上表现异常，不想去幼儿园。几天后，他们一个接一个开始感冒，三分之二的人不得不待在家里。他们的老师回来后，一切问题都在3天之内解决了，之后没有人再要求待在家里，也没有人再生病。

同时我也观察到，未满3岁的孩子（那里有不同年龄段的班级）在这个实际上非常好的幼儿园中很难适应，他们好像被丢弃的孩子，总是黏在老师身上，经常哭泣或处于不正常的兴奋状态，跑来跑去，大声喊叫，好像在试图消除压力。老实说，我不知道他们的父母为什么这么做，因为上幼儿园的费用和请保姆在家照顾孩子的费用相差无几。

这里讨论的是托管婴幼儿的幼儿园或托儿所。有些国家或地区规定，必须将6个月大的孩子送入托儿所。在这种情况下，下面两点是极其重要的：第一，班级老师要保持稳定，不能像万花筒那样变来变去；第二，每个成年人最多照料3到4个孩子，以便他们有时间和精力将孩子抱在怀中与他们交谈，有条不紊地为孩子洗漱，喂他们进食，哄他们睡觉。这样的话，老师就会成为孩子依恋圈中的一员，孩子在托儿所里也会感到相对安稳。

但是，即使是与最善良的老师在最舒适的环境中同处，孩子也会想念他的母亲。如果孩子在幼儿园里待了很久，又感觉在这里“你们有很多人”，而我“只是一个人”，那么就表明他在幼儿园缺乏成年人的照顾，缺少与他们的接触，此时孩子处于一种被**剥夺**的状态，这可能会引起相当严重的后果[1]。

前面介绍过一部捷克电影，其中有一个让人印象深刻又令人心痛的场景。

在工作日托儿所（我记得在一些国家的大型工业城市中，许多家庭会把孩子送到这种托儿所）里，到了星期五晚上，父母会陆陆续续来接孩子回家。父母们按响门铃，门开了，孩子被带到走廊里。

影片里有一个特写镜头：一群孩子坐在桌子旁边，为了让孩子们安静下来，老师和他们一起画画。孩子们排成一排，即使透过荧幕，你也能感觉到他们有多紧张。

门铃响了，所有孩子都伸长脖子，目不转睛地望向门口：来接我的？是我的父母？不，是别人的父母……他们无望地垂下肩膀，眼神失落，嘴唇也沮丧地撇下来。

门铃再次响起来，这次会是我的父母吗？他们再一次全神贯注地倾听和注视：这次是来接谁的？其中一个孩子很幸运，这个幸福的小人儿半笑半哭着离开他的桌子，其他人再次陷入沮丧状态。

[1] 剥夺引起的后果将在《心灵受伤的孩子》一书中详细讨论。——作者注

> 父母马上要来接他们回家了，没什么特别的事情发生，没有人冒犯孩子，老师显然也很关心他们，总的来说一切都很好，但这个画面就是令人目不忍视。要知道，孩子们就是这样生活的，天天如此，每周如此。

那么“社会化”和“学前教育”是怎么发展的呢？遗憾的是，在苏联解体以后，这些词通常具有另外一个相当可怕的含义：由机构看护长大的孩子，被提前“教育成有教养、懂礼貌的人”。这些托幼机构使孩子早早地习惯于置身一个庞大的、没有家长保护的团体中，承受托幼机构带来的压力。托幼机构训练他们无视自己的情感和需求，以免他们无法融入团体。

小学老师经常对一些父母说：“哎，你的孩子连幼儿园都没上过。”其实这句话并非随便说说，更像是一种抱怨：为什么你的孩子没有被提前教育成有教养、懂礼貌的人，他太孩子气了，太缺乏纪律性了。

这种提前进行的“社会化”，即使我们无法避免，也要让它尽可能晚地出现。最好在孩子有更强的能力，能够在任何情况下保护自己的时候出现。

当我们看到一个上过幼儿园、很快就习惯上小学的孩子，与时而哭泣、时而违反规则、时而拒绝上学的没上过幼儿园的孩子之间的区别时，这实际上只意味着一件事，那就是没上过幼儿园的孩子现在感受到的压力，是上过幼儿园的同龄人几年前就经历过的，而且是在他们更小、更无力保护自己的时候经历的。家长可以这么想，为什么我们不在他一出生就直接送他去参军，让他更早地去适应一切呢？

重要规则！关于幼儿园的问题没有统一答案。孩子不同，家庭情况不同，去不去幼儿园这个问题的答案也不同。父母有责任评估各种因素，权衡利弊后做出负责任的决定。

如果幼儿园只是作为给父母提供照管孩子这种帮助的服务机构，而不是作为旨在教育和塑造孩子个性的机构，那么很多事情就变得简单多了，此时幼儿园只是一个可以长期生活的游戏室。

商场想让你安静愉快地购物，把孩子留在商场设置的儿童游乐室，然后再去挑选家具是不是很方便？孩子在儿童游乐室很快乐，至少是安全的。社会想让你继续工作，你也正需要腾出双手和大脑去做些事情，这个时候把孩子送去幼儿园岂不是很方便？是的，如果是这种情况，送孩子去幼儿园确实是一种不错的选择。

幼儿园的学习生活不存在强迫教育的含义，如果父母不需要或者孩子真的不想去幼儿园，或者找不到足够好的幼儿园，那么即便不上幼儿园，孩子也不会失去任何对他的人生发展至关重要的东西。

只有父母完全照顾不到孩子，父母问题很多的家庭，给予孩子的东西才会比一个标准化的幼儿园少。

如果“社会化”指的是与同龄人交往，同他们玩角色扮演游戏，那么并不是每个幼儿园都有很多这种机会。商场的儿童游乐区、年轻妈妈和孩子扎堆的街心公园，它们带给孩子的这种体验也不会比幼儿园少。

事实上，孩子度过六七岁的危机后，会为真正的学校学习做好准备，这时他们不是与临时的“代理父母”建立依恋关系，而是与老师建立新型的师生关系。

第六章 6到7岁的危机——永远在一起

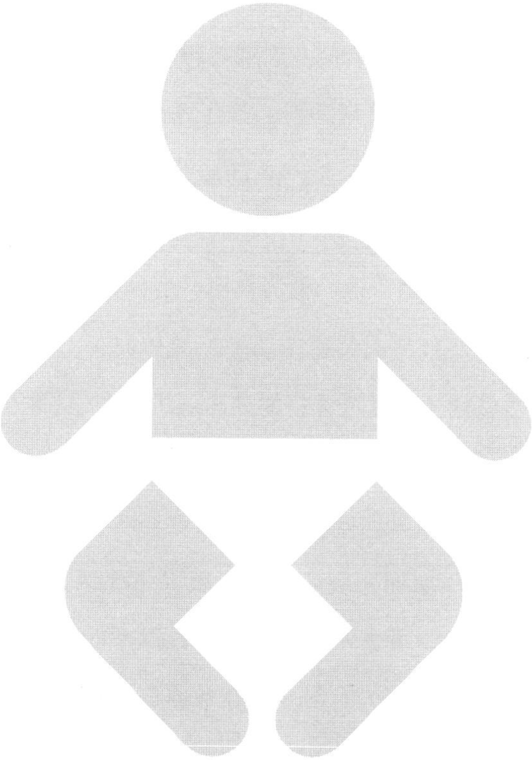

新的分离危机

幼年时期，孩子对父母的依恋最为深厚，而且这种依恋变得更有意识，在孩子身上有许多非常微妙的流露。就像我们已经看到的那样，我们倾心保护和照料的孩子，已经开始想要照顾别人了。

实际上，孩子的任何能力都是通过同一种方式习得的。比如喂饭，首先我们用勺子喂孩子吃饭，然后他在我们的帮助下自己吃饭，接着是他自己独立吃饭，最后他开始喂妈妈和小熊吃饭。

再比如安慰别人，首先我们要帮助伤心或生气的孩子平静下来，接纳他的情绪，然后他开始独自应对，随后我们就会看到，他开始去安慰他的小弟弟。

这是一个通用的程序：我们为他→他为自己→他为别人。

如果我们发现孩子有照顾他人的愿望，那么总体而言，孩子的依恋已经成熟，已然成型，这意味着新的分离危机到来了。

这场危机不像“抗拒危机”那么剧烈和明显，而是在没有外部影响的情况下，逐渐地在心灵深处发生改变。这些变化非常重大，很多变化会表现在生理层面，例如免疫系统发生改变（6 岁多的孩子经常生病），大脑中负责逻辑思维和理性思考能力（做该做的事情而不是做想做的事情）的部分正在成熟。没有这种能力，孩子在学校里无法学习，哪怕他是个会阅读和计算的绝顶聪明的神童。

随着大脑额叶不断发育成熟，大脑的概括能力、形成形象和记住完整形象的能力也随之增强。在思维层面上，表现为具有回答概括和分类问题的能力。“橡树、白桦树、杨树——它们的统称是什么？”“衣柜、椅子、墙壁、衣架——这里哪个东西不是一类？”如果一个孩子能正确地回答这些问题，意味着他已经能够分离出共同的、重要的、普遍的要素，将看似不同的对象组合成一类，能够理解经常、偶然和随机的区别，这些能力非常有趣。但我们这里要说的不是一般思维的发展，而是关于依恋和人际关系将会如何发展。

负责概括能力的大脑区域变得成熟，对于依恋的发展具有非常重要的意义。对于孩子而言，家长是世界上最重要的，比衣帽架或白桦树要重要得多。但家长这一完整的、统一的形象，孩子也需要经过一段时间才能在大脑中形成。

在一个有很多孩子的家庭中，母亲或父亲去世了，这时一些孩子的年龄还不到六七岁，其他孩子的年龄大一些。几年后，当他们回想起妈妈或爸爸时，你会发现他们的记忆有很大不同。

那个失去妈妈或爸爸时还很小的孩子，可能会记住某个比较生动具体的一闪而过的场景或情节。比如，爸爸把我抱在怀里，我和妈妈去某个地方，当时天很黑。

这种记忆是零散的，就好像在不同的感知领域中，记忆被“碎片化”一样，留下不同的印迹：妈妈的气味，妈妈的声音，妈妈在身边时自己的身体感觉。

失去妈妈或爸爸时已经9岁或10岁的孩子，他们的记忆则完全不同。在他的记忆中，家长的形象是完整统一的，他记得他们的样子、声音、气味以及他们给自己的感觉，也就是说，他记得妈妈或爸爸所有的一切。

他可以回答“如果在这种情况下妈妈会怎么说”“如果是爸爸，他会赞成这么做吗”这样的问题。也就是说，去世的父母似乎在以他生前的样子活在孩子的内心深处，孩子可以和他说话，和他保持联系。

一个7岁以上的孩子，已经能够记住家长的完整形象，能预测成年人对他的行为评价，很少犯错。5岁的孩子经常会遇到麻烦，比如他想要一件喜欢的物品，假设是贴花，作为妈妈3月8日妇女节的礼物，于是他剪下一朵美丽的花朵。好吧，花朵是从妈妈的晚礼服上剪下的。要知道，这正是他需要的最美丽的花朵，但是妈妈为什么这么生气呢？ 8岁以后的孩子，通常不会发生这种情况，如果他们要做一件事，成年人通常不会反对。

由于同样的原因，与年龄还小的孩子讨论他明天应该做什么或怎么做是绝对没有用的。当你在他前面看着他时，他会点头说：“好的，妈妈，我明天不会在幼儿园打架，我会和他们一起好好玩儿。”他没有骗你，他是真心同意你的建议，想听你的话，因为你就在他身边，他看着你，听你说话，他在跟随你。第二天，在幼儿园里，你不在身边，他无法跟随你，于是他继续和小朋友打架，或者愉快地玩耍，这都是可能出现的结果。

当幼儿园老师对你说：“晚上你和他谈谈吧，让他……”时，你应该明白哪些话可以和他说，哪些话不能说。通常来说，与孩子交谈是很有用的，但是对于谈话的效果，你不要抱有不切实际的幻想：你今天为他解释什么事情应该做，什么事情不应该做，但你不能期待他明天会照你说的去做。

父母存在于孩子的内心

孩子 7 岁以后，能够在意识中保存你的完整形象，记住你说的话，他似乎在跟随意识中的虚拟父母，执行虚拟父母的指示。或者用心理学术语来说，他将父母的指示**内在化**，加诸自身，就好像这些指示已经成为他自己的一样。他不需要听到父母外在的声音说“不要打架”，他似乎在自己内心就能听到父母“不要打架”的声音。他可能没有足够的自制力去遵守它，或者有充分的理由不去遵守它，这是另外一个问题，但是如何正确行事他是知道的，并且记住了。

与家长发生冲突时，孩子保持父母完整形象的能力也很重要。还记得我们讲过一个 3 岁孩子被妈妈的禁令激怒的那一刻吗？他当时不会记得他爱妈妈，因此他会对妈妈说出“你是个傻瓜！走开！”这样的话。

5 岁的孩子则会试图通过童话故事来缓解自己对于父母“爱恨交加”的痛苦。在童话故事中，所有拒绝和残酷的行为都是继母做的，她是“错误的”“变坏的”母亲，是冒名顶替的家长。这大概是孩子看到母亲突然赶他离开或生气时的自我安慰。

从六七岁开始，你就会听到孩子这样说：妈妈骂我是因为她生气了，但她仍然爱我。

在《杀死一只知更鸟》一书中，哈珀·李在小女孩斯库特（8岁）同杰克叔叔和解的情景中，展示了这种矛盾形象对立统一的过程。

延伸阅读

《杀死一只知更鸟》是美国女作家哈珀·李于1960年发表的长篇小说。1962年12月25日，同名影片在美国上映。20世纪30年代，大萧条时期美国南方静谧的小镇，几桩离奇的疑案彻底打破了几个孩子平静的生活：事件的真凶，怪人的谜底，传言背后的真相……在父亲的指引下，他们在迷雾中寻找真知，在磨难中历练风度，在不公平中积累正气，经历了暴风骤雨般的成长，也感受了人间的温暖与真情。成长总是个让人烦恼的命题。成长有时会很缓慢，如小溪般唱着叮咚的歌曲蹚过，有时却如此突如其来，如暴雨般劈头盖脸……3个孩子因为小镇上的几桩冤案经历了猝不及防的成长——痛苦与迷惑，悲伤与愤怒，也有温情与感动。这是爱与真知的成长经典。

叔叔因为斯库特与表弟打架而生她的气，并打了她几巴掌。起初她的反应是这样的：“直到我死，我都不会再和你说一句话！我受不了你，我恨你，你最好去死吧！”

过了一会儿，叔叔过来跟她和解。女孩慢慢和他交流，并最终宣布：“杰克叔叔，你是个好人，我可能一直甚至现在都是爱你的，只是你对孩子一无所知。”这句话包含了她对杰克叔叔的爱，同时也包含了对他的不满。

斯库特的年龄足够大了，尽管她内心出现了矛盾的情感，但对她来说，叔叔的形象并不是撕裂和碎片化的。

从依恋发展的角度来看，对孩子六七岁时经历的危机，可以这样总结：孩子内心存在一个整体统一的**内在父母**。内在父母是真实父母形象的内在化，不是某种抽象的一般的父母，而是孩子所认识的对他而言具有明显不同特征和不同情感的人。内在父母是一种心理形态，是由孩子与真实父母互动的所有经验、儿童时期得到父母无数保护和关怀概括总结形成的。这个“永远与你同在的父母”的形象，通常在孩子 7 岁左右形成。

让我们理解这意味着什么。**父母存在于孩子的内心**，现在处于“孩子内心的关注之下”。也就是说，从心理上讲，孩子不会再与虚拟父母分开了，这意味着孩子可以承受与真正的父母分离。

如果妈妈在我心里，我可以离开她两个星期，比如说去一个营地，我并不会因此感到焦虑。但如果这件事发生在 5 岁时，那么焦虑是不可避免的。

观察小学一年级的学生，我们可以看见一个孩子因为铅笔坏了而哭起来，但是没有一个孩子会因为想要妈妈而哭泣。在这个年龄，这种情况大概率是不会发生的。在幼儿园，这种事则相当普遍。当然，8 岁或 10 岁的孩子可能会因与父母分隔两地而想念父母，但这并不是幼儿所经历的那种毁灭身心的恐怖事件。

> 有趣的是，在许多文化中，分离的仪式和实践都在这个年龄段进行。例如，有的文化中，男孩 7 岁时就要从母亲的房子中搬出来。一般认为，此时他已经享受了“足够的母爱”，享受了太多母亲的照顾，他已经做好准备，独立应对没有母亲照顾的生活。
>
> 在某些山区，居民中存在着一种更为激进的传统，7 岁的孩子要去父亲的兄弟即叔叔家居住，在那里长大，同父母只能偶尔见面。
>
> 有的传统中，满 7 岁的孩子要对自己的行为负责，而不是父母替他负责。

我们知道，孩子掌握了语言之后，依恋开始打破距离的限制，家长可以借助指示和警告来照顾孩子，无须采取行动。现在我们看到，依恋的路程变得更长，能够跨越时间的限制。此时家长不再需要对孩子实时提出警告和建议，现在孩子有了内心声音——家长的声音，这种声音在需要的时候会告诉他，“如果妈妈在这里会怎么说”“应该洗手”“应该向大人问好”“跑着过马路很危险”。家长就在他的心里，可以预先给孩子指示和警告，家长不在孩子身边就能照顾到他。

总有一天我们会远离他，永远从他身边消失，但是我们的保护和关怀，可以通过内在声音和内在形象永远伴随他前行。

* * *

经历了六七岁的危机之后，孩子和父母将再次面临分离，对此显然他还没有准备好。他就像一个苹果，已经差不多成熟了，甚至变成了绯红色。但是现在脱离枝杈还为时尚早，他仍然需要从父母那里汲取一些营养才能成熟。

尽管从现在起，他生命中的主要经历不是发生在家庭中，而是发生在社会中。但在未来的几年中，他仍然非常需要父母。在这个广阔的世界里，他需要为此做好准备。

第七章 从7岁到12岁——走向广阔世界

像汤姆·索亚一样的年纪

我们的孩子现在7岁了，和汤姆·索亚[1]一样的年纪。这时的他有依恋的经验（我们希望他的依恋经验是美好且坚不可摧的），心中有内在家长，手里有书包，他正在步入人生的新阶段——受教育阶段。

延伸阅读

《汤姆·索亚历险记》主人公汤姆·索亚是个成长中的孩子，他调皮，喜欢恶作剧，却又善良可爱，乐于助人。他讨厌教堂里老师干巴巴的说教；他不喜欢整天在学校里枯燥无味的生活；他希望加入海盗，过新鲜刺激的生活。他总在危险时刻，挺身而出，做出那些懦弱的“好孩子”、体面的“优秀生”无法做出的正义行为。他可是揭发了一桩杀人罪恶，还找到了海盗的藏宝哦！

在截然不同的文化中，无论是在设有义务教育学校的大城市，还是在大山深处被遗忘的村落（那里没有人读书和写字），孩子从六七岁起直到少年阶段，大部分时间都在学习。有人学习狩

[1] 汤姆·索亚是美国文豪马克·吐温代表作《汤姆·索亚历险记》中的主人公。——译者注

猎和剥兽皮，有人在临写字帖或学习乘除法，有人学习挤奶和播种粮食，有人学习计算机编程。总之，所有人都在学习。从这个年龄段过渡到成年阶段，剩下没多长时间了，这几年需要充分利用，以便了解有关即将进入大千世界的所有重要和必要的知识和技能。

每个人探索世界的过程都是相同的，两岁时不知疲倦地探索自己生活的家庭和自己的身体，小学低年级阶段热情奋发地学习不断涌现的新事物，如动物习性、火山结构、地理历史、内燃机截面图——所有丰富多彩、纷繁复杂、迥然不同的物质世界和现象世界。在稍后的青年时代，会进入更复杂的人际关系世界。

小学低年级阶段的孩子开始对物体、物质、原因和内在联系、规则和界限感兴趣，会尝试运用一些物体、工具和自己的身体做实验。“伙计们，我不用双手就能做到！”“哇，我弄明白了它的工作原理！”“伙计们，让我们造一个树屋吧！”拆解和组装旧闹钟，熟练地跳皮筋或跳绳，为朋友编复杂和意想不到的辫子，编织戴在手上的友谊手链……做完全没意义的尝试，那又怎么样，总归学到了东西！

这些活动仿佛重现了人类历史：狩猎、捉鸟、建造木筏、进入森林、走出森林、建造小屋、点燃篝火、在篝火上烤食物、用大坝挡住洪水、用花纹装饰身体、制作武器、制作装饰品、撰写并讲述自己周围关于某个人的有趣故事。

10 岁的孩子想了解而且有能力了解一切，他已准备好投入其中。他可以在一天之内学会滑冰，跌倒了再爬起来，并不在意擦破膝盖。他能在两天的时间里学会编织，这两天里他所有的时间都会用来编织，直到学会为止。他可以用两个小时一动不动地观察蜘蛛，可以在 3 周内制作一艘复杂的模型船，可以像使用母语一样快速地编写自己的计算机代码，还可以记住自己喜欢的书籍或电视连续剧的所有细节，设计出让人难以想象的高水平计算机游戏。他全身心地、充满激情地学习和掌握着新事物。

他的精力不够专注，兴趣多变。今天想去拳击场打拳，明天想去参加天文观测小组，一周后他要编织流苏，再过两周要做遥控机器人。他开始做很多事情，同时又放弃很多事情，但是从开始到放弃，他都充满了热情。

成年人不理解，如果他不打算成为一名艺术家，为什么要花那么多时间来画出更好的电影人物形象，为什么要用半个暑假的时间熟练地掌握轮滑绕桩？从成年人的观点来看，如果要做一件事，那么就要认真地去做。“认真”是按照计划并着眼于未来去做事情，如果不认真对待，为什么还要花费那么多时间和精力呢？

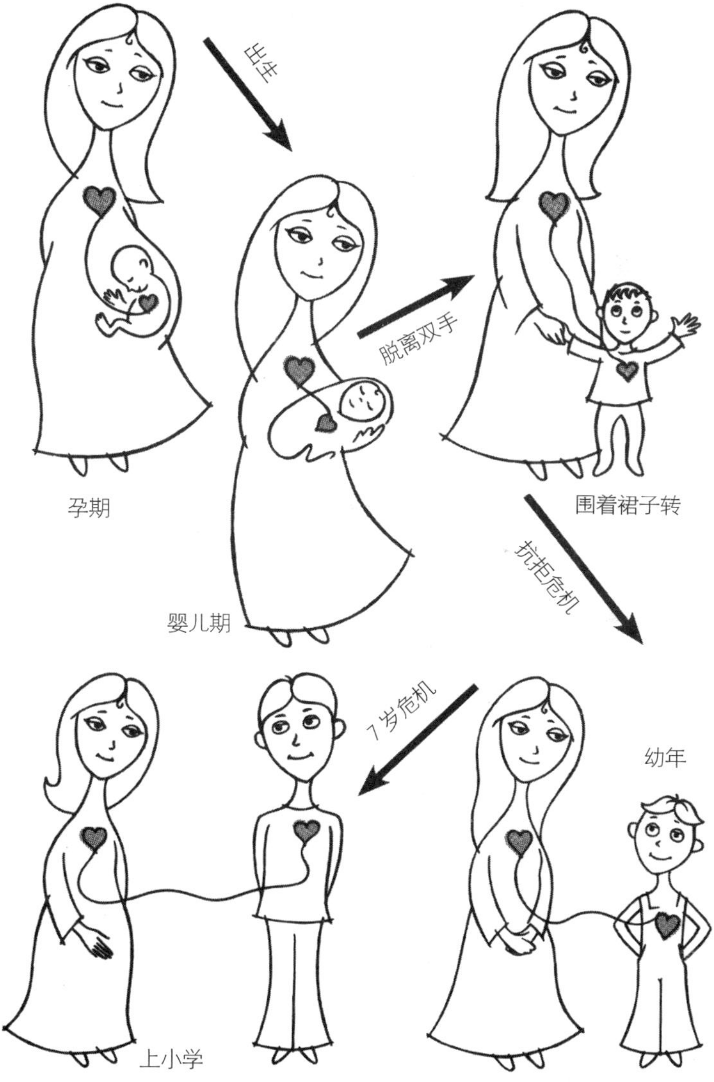
出生
孕期
脱离双手
婴儿期
围着裙子转
抗拒危机
7 岁危机
幼年
上小学

对于成年人来说，学习是一种手段，是对未来的投资，是对另一种生产活动的投资。对于孩子来说，学习新事物是一种自我满足，就像玩游戏一样，学习是生活的内容。他们学习新事物没有任何“未来”的想法，不是为了以后某个时间能用到它，而是为了弄明白，搞清楚，为了能做到，为了征服。玩游戏仍然是他生活的重要组成部分，但显然已经退居次要地位，要么与学习融为一体，变得更有趣、更容易，要么成为休闲娱乐的一部分。

父母、家庭此时被视为后方和港湾，其作用是让孩子无须分心，能够全身心地投入到自己的学习中。如果家庭中的一切都很好，孩子的依恋发展正常，那么他就不会分出太多的精力和注意力。他对父母很满意，爱他们，如果很久没看到他们，也会很想念，但父母不再是他们生活中最重要的部分。

应该说，这个年龄段的孩子很少让父母操心。学龄前儿童弱不禁风和易受伤害的特点逐渐消失，他离青春期还很遥远，虽然生活上足够独立，但仍然很听话，这是一件让人快乐的事。

在这几年，儿童精神障碍和慢性疾病很少出现，童年的恐惧、关于死亡的思考已经减退，青少年的生存恐惧对于这个年龄段的孩子来说更是难以体会。10 岁的孩子乐观、开朗，想法很多，能轻松面对压力，能很好地应对挫折和失败。

人口统计学家甚至计算出，无论什么原因，人在 10 岁时，死亡发生率最低。儿童的脆弱消失，身体功能的削弱尚未开始，人生中健康和活力的顶峰在此时出现。这是一个轻松、充满活力的年龄段，是广阔世界中快乐的人生起点。

这个年龄段非常迷人，所以许多文学作品中主人公正处在这个年纪也就不足为奇了，比如皮皮·长袜子[1]、汤姆·索亚、阿丽萨·谢列兹涅娃[2]和哈利·波特，都是这个年龄段的孩子。

有些书籍真诚地赞美了生命中的这个阶段，例如雷·布拉德伯里[3]的《蒲公英醇夏》，或杰拉尔德·达雷尔[4]的《希腊三部曲Ⅰ：追逐阳光之岛》。

对于 10 岁的孩子来说，最好的事情是早上起床，喝一杯牛奶，吃几口面包，然后一整天无拘无束地在外面玩耍，观察、试验、了解新事物。周围世界充满了秘密、挑战和惊险，但总的来说是安全的。如果其中一个男孩

---

[1] 瑞典儿童文学家阿斯特丽德·林格伦的童话代表作《长袜子皮皮》的主人公。——译者注

[2] 俄罗斯作家季尔·布雷乔夫科幻作品《阿丽萨外星历险记》的主人公。——译者注

[3] 雷·布拉德伯里（Ray Bradbury）（1920—2012 年），美国著名科幻小说家，著有《华氏 451》《火星编年史》《太阳的金色苹果》《蒲公英醇夏》等。——译者注

[4] 杰拉尔德·达雷尔（Gerald Durrell）（1925—1955 年），英国大自然作家，著有《希腊三部曲》等。——译者注

儿中午饿了想吃饭，他会随便敲开一家房门，随便一个人家都会给他一些水果和面包，吃饱了之后继续玩耍。只有到了晚上，他才会累得筋疲力尽，回到家里吃点东西，随后在家人的谈话声中迅速入睡。

如果父母或哥哥们认真地对待他，带他一起做事情；如果他们有一件事显然需要他，并且在此过程中他能够了解新事物；如果父母或哥哥们不那么令人讨厌，那么同他们在一起感觉也很好。

延伸阅读

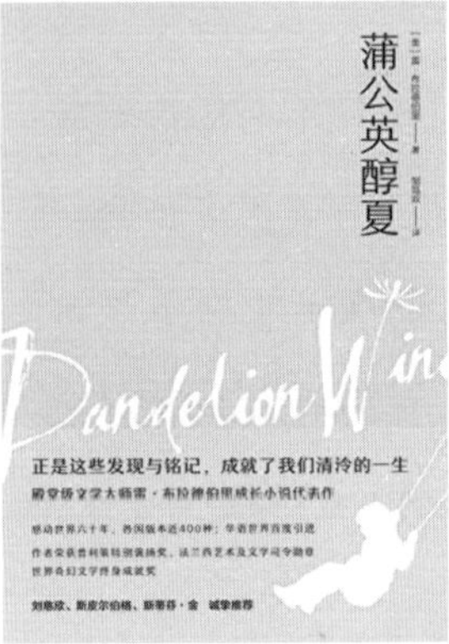

《蒲公英醇夏》主人公道格拉斯以为，12 岁这一年的夏天，他可以像往常一样，在林中溪边尽情嬉戏，随意采摘树上的果子；可以跟好朋友肆意玩耍，永远都不分开；可以每天晚上都坐在廊下的秋千上，在大人的谈笑喧哗中睡去；可以和爷爷一起采摘蒲公英花，将它们和夏天的记忆一起封存在瓶子里，等待冬天的时候揭开，慢慢品味……他没有料到的是，他会邂逅、进入小镇居民们自己的故事。从这些故事里，他经历了欢喜、怀疑、眼泪、执拗、无奈和怀念。他更没有料到的是，在这个夏天，他第一次发现了人生中非常重要的两件事。这两件事让他如此震撼，如此刻骨铭心，足以形成他一生的心动和惆怅。

延伸阅读

《追逐阳光之岛》是杰拉尔德·达雷尔“希腊三部曲”中的第一部，展现了在动植物种类浩繁的小岛上，年仅10岁的达雷尔以纯真的心、童稚的眼睛观察到的科孚岛上优美的自然风景、各式各样的动植物、热情温暖的当地居民，以及行径古怪的一家人的故事。

实际上，所有这一切都很美好，如果没有“但是”的话。

我敢打赌，很多人看了前面的内容会想：哇，孩子到了这个年龄，我们多么轻松啊！但是为什么我们总是和他争吵不断，而且他哪里有什么独立性啊，一切都需要检查和监督。他不想学习，所有学习都是在整日唠叨和拳头棍棒下被迫进行的。而且哪里有什么“不知疲倦的学习”啊，他从学校出来时就已经筋疲力尽了。

是的，事情正是如此，确实有一个“但是”，这就是学校。

当没有像邓布利多一样的导师时

不是每一个人都能成为像邓布利多[1]一样的导师。

学校怎么了？要知道，如果我们有一个渴望学习的孩子，并且有一个致力于教育孩子的教育机构，看起来似乎是天作之合，它们只需要快乐地结合在一起就万事大吉了。但是，为什么还有这么多父母认同“如果没有学校，我和孩子一切都会好起来的”这种观点？为什么对如此多的孩子来说，每个学期开学都变成了对快乐、有趣的童年生活的摧残？

这是一个重要的问题，值得思考。

我们说过，如果一切顺利的话，到7岁时，孩子对父母的依恋就会达到顶峰。此时，依恋的使命大体上已经完成，孩子与父母的关系会退居次要地位，亲子关系成为孩子成长的背景，而不是主要舞台。那么谁会来，谁必须来，谁来取代他们？

显然，孩子现在还有些小，无法完全独立，不能通过与其他孩子一起玩儿来学习所有的东西。我们需要有人来示范，有人教导他，向他传递“真正的”成年人知识，这个人就是启蒙老师。

在人类文化中，教师的形象原型就像母亲一样强大。他们存

[1] 阿不思·邓布利多（1881年7月—1997年6月30日，共115岁），英国作家J·K·罗琳所著小说《哈利·波特》系列的主要人物。——编者注

在于神话和传说中，存在于英雄传奇中，存在于关于成长的书籍和电影中，无论是亚瑟王的传说还是动画片《功夫熊猫》，这并不奇怪。与动物不同的是，人类需要学习很多东西，因为我们出生时并没有被植入生存必需的所有能力和规则，我们需要了解并学会做很多事情，如果仅仅通过效仿和跟随父母学习，获得的技能是远远不够的。

学习是一项特殊的、独立的活动，而师生关系则是生活中一种特殊的、非常重要的关系，其意义可以与依恋、友谊或爱的关系相提并论。父母将孩子的手放到老师手中，老师从此担负起教育孩子的责任，代替父母对孩子的成长负责。他是孩子从童年世界走向成人世界的领路人，是一个了解孩子并且可以教书育人的人。

孩子与老师之间的关系，在很大程度上类似和父母的关系——这也是一种依恋，也有一个支配者和追随者，意味着长者的保护和照顾以及来自孩子不顾一切的跟随，这种关系在情感上非常重要。我们最好的老师会永远在我们的心目中占据一席之地，甚至成年后也很高兴看到他们。

但是老师和父母有一个非常重要的区别。

父母的爱是无条件的，父母不会根据自己对孩子的评价来施加关爱，至少不会刻意如此。当然，生活中有各种各样的情况，许多父母会不自觉地评价自己的孩子，将他与别人的孩子进行比较，并由他的成绩或表现来决定对他的爱。这对孩子是一种伤害，是依恋关系的一种扭曲，在极端情况下，会使孩子产生自恋型的人格特征。

与父母的关系使我们相信，作为生命是宝贵的。与父母的关系始于积极的效仿，始于父母对孩子及其成长的无限欣赏和赞美，始于父母提供的无私关怀和保护。父母总是紧跟在孩子后面，伸手保护着他，父母的声音总是在提醒、守护着他。对于父母来说，与孩子获得成功或实现某个期望相比，更重要的是让孩子生机勃勃、身体健康和生活快乐。所有这些都是非常明智和正确的。

我们邀请孩子来到人世间，然后为他提供保护，用慷慨的、无私的爱，以不苛求的态度为他创造一个内在的认识："我存在，这是一件好事，我有权利过我自己喜欢的生活。"这就是为什么我们喜欢孩子说的每一句话，为什么我们为学龄前儿童的每一幅绘画感到高兴。只有那些孩童时没有被家长无条件接纳的父母，才会因为厨房地板上的污迹而挑剔和批评饱含爱意为他们准备早餐的 5 岁孩子。

父母的爱是美好的，它给孩子提供了轻松自然的生活和发展的力量，这种力量对于孩子学习走路、爬行、说话、玩耍已经足够，可以让他们做一个健康快乐的幼孩儿。但对于人类幼童来说，仅仅这些还不够，他必须成为一个理性的人，也就是说，成为一个懂得生活意义的人。他不像我们的灵长类兄弟那样全凭生理需求去生活，饿了觅食，需要时打斗抢夺，时间到了就交配。如果什么都不需要，就眯着眼睛躺在阳光下挠痒痒。

实际上，人类大脑中存在智慧，自己会设定目标并希望实现这些目标。人类可以创造文化、科学和艺术，改变世界和自己的生活。对于所有这一切，仅仅健康生存和快乐生活是不够的，人类需要突破限制，克服困难，勇于冒险，乐于迎接挑战，主动弥补自己的短板，“不像我们的前辈那样”做事。

从天性的角度来看，这种行为不是人类天生必需的。如果我们有食物，周围又没有老虎威胁我们的生存，我们为什么要做这些事呢？但是人类需要追寻生命的意义，要奋斗和实现自我价值，不仅要感知世界，还要让世界知道我们没有白活。不追求生命意义的话，我们就像能够爬上屋顶的猴子那样，确切地说，爬到屋顶或窗台上，在那里跳来跳去。因为从天性的角度来看，我们拥有了舒适宜人的生活所需要的一切。这就是我们。

对于征服、改变世界这种任务，仅仅有父母的关爱是远远不够的。父母的爱无法激励他们比其他人做得更好，因为不管孩子做了什么，对父母来说都很好。因此，孩子需要他人的评价，这个人就是设置困难并要求他克服困难的人，包括克服“我不能”和“我不想”的想法。这个人可能经常会说：“不，这很糟糕，你没有努力，你可以做得更好。”这样说并不会破坏他们之间的关系，老师就可以这样做。老师不是父母，但孩子需要得到他的肯定。

哥萨克文化中特别重视骑马这一技能，送给孩子一匹马已经成为一种仪式。通常在男孩 6 岁的时候，教父会送给他人生中第一匹马。在他的家人面前，他被放在马背上，有人牵着他的马走来走去，并且一定会让他从马背上摔下来。

看到孩子从马背上摔下来，母亲会急忙冲过去，看看他是不是受伤了。但教父或孩子的叔叔会挡住她说：“他现在有一匹马了，他是一个男人了。”从马背上摔下来的男孩必须自己站起来，而且必须再次爬上马背。

也就是说，他应该能够用以前从母亲那里获得安慰的所有经验，接纳自己的负面情绪，擦干眼泪，继续上马。

几乎所有好战的民族，本能地都有一种禁令，即禁止骑手训练时和父亲对战，因为这种训练想避免受伤和痛苦是不可能的，和父亲对战会让父亲无法拼尽全力。

“振作起来”“耐心点儿”“不用管它”，这样的话不应该从那个以前总是抱着他，经常为他擦眼泪的父亲口中说出来。此外，向父亲举起剑，试图去击败父亲，即使是为了学习，也是不可想象的。

作为一个真正的导师，看起来有点儿像超人。想要孩子有兴趣追随一个陌生人，他必须很特别，能给人留下深刻的印象，令人钦佩，能够做到其他人做不到的事情，能够到达一个秘密的、神圣的、不为人知的地方。最著名的导师形象是魔术师、巫师和来自另一个世界的生物，比如半人马凯龙、梅林、甘道夫、邓布利多、尤达大师、神秘博士，这并非偶然。导师的原型要么是一位圣人，要么是一位强大的战士，他应该到过很多地方，见过很多事物，完成过许多壮举。传说和传奇基本上都与他有关，他的过去充满神秘，没人确切知道他在想什么。

在古老的文化中，教导孩子的是祭司和萨满——他们是极受尊敬的人，能够在世界之间穿行，可以与祖先的灵魂对话。导师的外表和行为可能很奇怪，看起来跟人们很不一样，做事风格也出人意料。导师是领路人，不完全属于这个世界。他可能是可笑、矮小或特别衰老的人，甚至有绿色的耳朵（尤达大师就有绿色的耳朵），在古怪的背后却隐藏着不可思议的力量。

当然，导师不只是对孩子进行评价，他还要与孩子打交道。在最初的交流中，他会鼓励学生，为学生提供帮助和支持，向学生解释一些复杂的问题。他总是站在学生一边，对学生的要求可能很严格，但不会让其他人冒犯自己的学生。学生越小，导师的保护和照顾也就越多。随着学生年龄的增长，他的保护和照顾就会越来越少。

在传说和书籍中常见的情节之一是，导师在竭尽最后一口气时保护学生，之后撒手人寰。这是导师最高的自我实现：将自己奉献给学生。实际上，这是“将自己的生命给予他”。这就是欧比旺和邓布利多的死亡方式，也是现实生活中亚努什·科尔恰克[1]的死亡方式。

学生和导师之间的两次对话，令《哈利·波特》丛书的倒数第二本书首尾呼应。一开始，邓布利多对哈利说：“现在到处都是危险，但你没有什么好怕的。”哈利问：“为什么？”回答很简单：“因为你和我在一起。”

在这本书的结尾，当哈利背着虚弱的导师并告诉他不要担心时，邓布利多的回答同样很简单：“我不担心，哈利，要知道我和你在一起。”至此，邓布利多完成了对哈利的教导，学生成了英雄。

孩子到了青少年和青年时期，就会意识到老师也常常是弱小的，是不完美的。正如一个女孩所说：“事实证明，老师也会上厕所！”这样一来，老师就可以在几乎平等的基础上以一种更加友好的方式与孩子们进行沟通，尽管总是存在“几乎”这个限定词。年幼的孩子需要狂热地崇拜偶像，努力成为他追随的导师那样的

[1] 亚努什·科尔恰克（1878—1942年），波兰伟大的教育家，毕生从事孤儿教育事业，并不惜为此献出自己的生命。——译者注

人，战胜自己并克服障碍。

这正是孩子需要的一种关系，这种原型被植入他的文化记忆中，他带着这个幻想去学校学习。

那么，他在学校究竟发现了什么？他通常会发现，学校里根本没有超人、魔术师和英雄。对于老师来说，工作是一项例行的日常事务，工作中老师不需要实现什么壮举，不用去冒险，也无法在世界之间穿梭。当然，其中会有非常聪明、能力超群、对工作充满热情、全心全意对待学生的老师。

还记得苏联老电影《一年级女生》吗？里面有一位老师，一眼就能让40多个学生瞬间变得安静，但这并不是因为她总是对着学生大喊大叫，或者打分时总是给学生们不及格。

她总是像女王一样走进教室，像教授魔法一样教学生们写作。学生害怕她的责备，又被她的称赞所鼓舞。她视班级为一个整体，又把每个学生视为单独的个体。在学生眼中，当着学生的面，她不能疲倦，不能软弱，不能愤怒，不能浅薄，老师几乎无所不能。

很难想象她会抱怨工资低或告诉父母她无法应付“如此难管的班级”，同样也很难想象有人对她说话很不礼貌，比如校长或教育管理部门的检查员，他们可以试着这样对她说话，但是……

电影的高潮是，老师竟然是个女超人，她的几个女学生在暴风雨中迷路了，她得知后独自一人穿过暴风雨，冒着生命危险，找到并拯救了女学生。

我们不知道这个女主角是否有现实社会中的原型，但作为一个教师来说，她做得非常出色。

在古老的氏族部落中，大家会选出最优秀、能力最强的孩子接受教育。今天义务教育得到普及，孩子们在公立学校接受教育。老师作为政府雇员（小部分由私立学校的管理者雇用）来执行特定的任务：讲课、演示、检查、评估。为了得到这份工作，需要取得高等师范大学的文凭，这类大学通常是专门培养教师的院校。教师工作本身就很繁重，而且报酬不高，很多老师曾是教育系统中的一名管理人员，所以有些老师并不能被称为严格意义上的导师。

培养教师的教育系统，没有教育我们的老师应该与学生建立依恋关系，只是培训老师如何写工作日志，如何制订教学计划，对于老师怎样主动关心儿童群体和每个孩子，这方面的培训内容却有所缺失。如果老师天生就有这方面的天赋，一切会应付自如。如果没有，那么教育工作就会变得非常困难。即使老师本人对教学课程非常了解，但如果**没有建立学生与导师的关系，孩子们的**

成长进程也不会开启，孩子们也不会启动追随行为，他们也将无法进行有效的学习，为人诟病的“课堂纪律”也不会存在。

老师对学生的管理存在“掌控”和“关心”两个要素。

有一些老师存在“掌控”不力的情况，行为表现得完全不像个成年人，爱发牢骚，经常抱怨，常常说自己无法应付全班或个别学生。他们在工作日志中写下许多批评意见，整个家长会都在向家长抱怨孩子有多难管理，他们的工资有多低，工作有多累。一些“能力弱”的老师缺乏自信，出于对班级管理的恐惧，甚至讨好学生，诱哄学生，为他们的“普通成绩”打优秀，甚至以娱乐代替授课。

较成熟的孩子会鄙视那些没有能力扮演成年人角色的老师，年龄较小的孩子同这样的老师在一起则会感到紧张。如果孩子感觉自己在学校或课堂上没有得到老师足够的保护和关爱，他们很难跟随这种缺乏能力、行为幼稚的老师，也很难信任他，这意味着跟着他学习会很困难。

如果其中一个孩子有颠倒的依恋经历，那就真的毫无希望了，不仅这个孩子不会努力学习，而且整个班级会将他作为领导者，也不努力学习，而且会毫不犹豫地向老师发起挑战。

有能力掌控班级或学生的老师，如果对学生缺乏应有的关心和爱护，孩子们也很难跟随。如果老师很难接受孩子们年龄小、易冲动、不明事理、能力差等缺点，认为孩子们所犯的错误都是出于恶意，就会强制他们服从自己，强制他们遵守学校规则，不给孩子们主动探索和尝试新事物的机会。这样的老师不能容忍孩子正常的幼稚表现，比如爱说爱笑，喜欢恶作剧，注意力不集中，有时甚至对学生的惩罚很严厉。他们经常要求父母惩罚孩子："请采取措施""教会他守规矩""对他严厉些"。如果老师对学生产生这种印象的话，结果可想而知。

也可能会发生这样的情况：老师既不关心孩子，也不控制孩子。当老师的抱怨被孩子的出言不逊打断时，结果就是孩子受到被学校开除或报警的威胁，最终孩子会被指控犯有罪行。天知道还会有些什么。

还有一种情况是，老师放弃了与孩子的师生关系，放弃了孩子本身。这样的老师不管学生能不能接受，都会自顾自地在讲台上讲解课程内容。相比班级中所有学生，似乎老师更期待下课铃声。这种老师的所有言行，本质上可以归结为："我对你们没兴趣，我不喜欢你们，我无法也不想教你们。"不用说，同这样的老师在一起，孩子们的表现也不会好到哪里去，他们会讨厌这门课程，除了在课堂上无聊翻课本时无意学到一点儿东西之外，他们将一无所获。

典型的导师首先是一个有自尊心的人，但在学校里，有人监督和审查老师的工作和行为，他有繁重的必讲课程，还要撰写各种报告。他可能会受到学校管理人员的批评，或者被强行要求参加某些会议，甚至在学校管理人员到来之前打扫教室。老师的脸上刻上了被羞辱和被征服的烙印，在这种情况下，他如何能作为导师来面对孩子们呢？

典型的导师表现都很勇敢，不怕困难，勇于接受命运的挑战，随时准备冒险并获取新知识，同时，他也会向学生传递这种勇敢。然而，现今的老师有明确禁令不要承担任何风险，所有的事情都必须得到学校管理部门的批准和验收。他教授的知识和技能都是事先计划好的，不会有超出计划的内容。他无法与学生们一起发现新知识，只能按照已有的计划将知识传授给学生。他为学生们讲授有关课程，回答那些学生们连提都没有提的问题，或应付那些他本人丝毫不感兴趣的事务。此外，他教给学生的知识，对学生而言往往不重要，学生也不感兴趣，所以老师常常被学生视为刚愎自用的人。

典型的导师是宝贵且难以获得的稀缺资源。如果孩子想成为他的学生，必须向他证明自己是有价值、有能力的人。导师不会巴结任何人，也不会强迫任何人。在今天的学校里，老师对学生不能说："如果你不想学习，就不要学。"老师从一开始就被视为监督者，他必须监视孩子们的一言一行，以防他们注意力不集中。

尽管孩子在这个年龄段获取知识的能力最强，但他们就是对这种师生关系和学习状态不满意，这有什么可奇怪的呢？

《蒲公英醇夏》的故事发生在假期，这并非巧合。当杰里不得不去上学时，达雷尔的小说情节就没有办法持续下去了。正是这个原因，孩子们才渴望从学校逃到纳尼亚、特拉比希亚、施瓦布拉尼亚[1]、印第安·乔的山洞、荒岛或另一个银河系，因为那里有自由的空间，大家可以冒险，有艰巨的任务和真正的导师等着他们，那里是可以真正学习的地方。

[1] 《管道和施瓦布拉尼亚》是苏联作家列夫·卡西尔的自传小说，经典苏联儿童文学。“施瓦布拉尼亚”是书中主人公自己建立的“国家”。——译者注

父母之外的角色

所有这一切还会导致一个不幸的结果，由于老师无法扮演导师的角色，于是他们经常会让父母参与进来，要求父母检查孩子的功课，与孩子一起做作业，要求父母对孩子“采取措施”，或者叫父母去学校，希望父母“站出来说话”。也就是说，让父母对学习不够努力、在课堂上不守规矩的孩子进行责骂和处罚，而父母又总是接下这个扔给他们的烫手山芋。毕竟，他们担心自己的孩子，希望孩子得到更好的教育，未来有更好的发展机会。

于是，父母开始控制孩子，检查孩子作业，为他们讲解习题。父母责备孩子作业做得不认真，不准确，要求孩子重做。父母讲解应该如何做这道题，如果孩子不明白，他们会很生气。他们同孩子一起复习不规则动词，并为孩子总是记不住而烦恼。他们一遍又一遍地教训孩子，要求孩子在学校里要好好表现。

孩子在学校感觉无聊时，父母又完全不站在自己的一方支持自己，这样孩子在学校怎么能表现得很好呢?

孩子不仅没有得到导师的引导，也缺乏尊敬、爱戴、追随老师的无与伦比的幸福感，而且现在连父母的关爱也要被夺走了，这才真的是叫人伤心的事。永远爱我、永远站在我身后的妈妈，现在因为我的临帖不够漂亮而责骂我，随时准备保护我的爸爸，在老师向他抱怨我课堂不守规矩后对我动手了。世界崩溃了，我该如何应付这一切？

如果父母对孩子的教育表现出特别执着的热情，那么家庭有时会变成真正的地狱。所有夜晚，孩子都在压得喘不过气来的“功课”这座大山下度过，有时这个过程还伴随着吼叫、威胁甚至是皮带抽打。很多有过类似经历的成年人，都将小学阶段视为他们一生的噩梦，认为这是失去父母关爱的可怕岁月。其实，在这个阶段，所有人都还活着，世界照常运转，只不过孩子失去了亲密的亲子关系，失去了对父母的依恋。

那么，父母完全不可以参与孩子的学习和学校里的事情吗？答案是“可以参与”。这里有一个关键词是“帮助”。如果孩子让你解释一个复杂的问题，让你检查作业“以防万一”，你可以给孩子提供帮助。如果孩子抱怨题目枯燥，你知道并非这样，那么你就可以给他讲一些有趣的内容。在这种情况下，你参与到孩子的家庭作业和知识学习中，就不再是监督或评价的角色，而是父母保护和照顾孩子的自然行为。

孩子在学习上遇到了困难，他请求你帮助，那么你可以提供帮助。在这个意义上，帮助孩子完成学校教科书上的习题或其他作业，与你以前帮助他掌握许多其他技能，像系鞋带、钉钉子或煮鸡蛋没有什么不同，这样的事情为什么不做呢？

一旦你认为自己需要对孩子进行评价和监督，特别是当孩子因功课问题被责骂的时候，你就会像斧头那样伤害你和孩子之间的依恋之情。

就像外科医生不会给自己的孩子做手术一样，经验丰富的老师也不会教自己的孩子。因为事实证明，面对自己的孩子，我们总是缺乏足够的耐心。面对自己的孩子，我们有太多的情绪，一会儿可怜他，一会儿为他的无知感到愤怒，一会儿又要替他掩盖错误……这时孩子也很紧张，害怕父母伤心、失望，甚至会想到更坏的情况。当孩子无所适从，变得无精打采时，如果知道父母就在身旁，你想想他有多急切地想要依偎着父母，忘记这些可怕的分数！

有些父母在不损害同孩子的依恋关系的情况下，可以熟练地扮演其他各种角色，并且独立地在家教育子女。一些家长成了自己孩子的教练，他们能巧妙地将关心孩子和对孩子的严格要求结合在一起。不过，这是一种特殊的天赋，不是每个父母都具备，就像不是每个人都有音乐天赋或数学天赋一样。很多孩子承认，在父母训练他们或准备让他们参加某种竞赛或考试时，他们几乎“失去”了父母。

家人可以教孩子并充当导师的角色，但通常是在开车、养花、做饭、缝纫、手工等生活技能上。此时没有来自外部世界的评判，没有严格的学习期限和学习计划，所以这种学习只是父母和孩子关系的一部分。比如，许多年后，已经成年的女儿可以像妈妈那样做“葡萄干罗宋汤”，儿子则可以像爸爸那样轻松、快速地组装家具。

每个孩子都渴望获得一位合格的导师，但这种渴望也面临着一个风险，那就是在没有遇到真正合格的导师时，孩子会选择一位代理导师，一个不合格的替代品。这种渴望可能会演变成对偶像的模仿，也可能是对大一点孩子或强势人物的一种盲目崇拜。

孩子饿了想吃饭，这个需求没有得到满足，于是便用某种东西来代替食物。显然，这种代理导师无法提供真正的保护和关心，他没有这个责任。父母抱怨代理导师带来了不良影响，但他们必须明白，杂草不会在修剪整齐的花床上生长。饥饿感没有得到满足，这不是孩子的错，也不是那个充当代理导师的“坏男孩儿”的错，而是成年人没有给予孩子心灵成长所需的营养，而是给了他一块“分数第一”的石头，石头不能代替孩子心灵成长所需要的面包。

还有一种非常糟糕的情况，那就是孩子可能会遇到滥用导师权威的人。恋童癖最常见的引诱儿童的方式，不是陌生叔叔在家门口不断纠缠，而是伪装成导师，假装教孩子学习某种有趣的、不容易学到的技能，从而与孩子建立亲密的联系。要想避免发生这种情况，只有让孩子与父母建立起信任关系，才能使孩子拥有充分的自信心，当他面临这种诱惑时，孩子相信自己有权利说“不”。

重要规则！孩子需要一个导师。他遇到的每一位老师，不一定都是天才教育家，但有一位能作为导师就够了。如果有这样的老师，情况就会大为不同。

有些孩子喜欢体格强健的体育老师，有些孩子喜欢聪明的数学老师，有些孩子喜欢样子有些古怪的、衣服邋遢的生物老师。下课后，他们会和这样的老师待在一起，挤在他的办公室，对他讲自己的事情。他们喜欢这位老师的科目，闲暇阅读很多这方面的课外读物，甚至会申请参加该科目的竞赛。他们还乐于帮助这位老师打扫教室，帮他做些粘贴、搬运和转交物品的小活儿。

如果学校里没有这样的老师，那么学校就是一所“缺乏活力”的学校，孩子们在学校里就没有什么乐趣可言。

如果孩子们在学校找不到导师，那么他可能会在体育活动俱乐部、文化俱乐部、戏剧工作室、旅游俱乐部找到。

对孩子来说，父母很重要。父母是关心孩子的人，在某些情况下，关心可能意味着不逼他写千篇一律的作文，这些作文只会占用他的睡眠时间，或让他错过最喜欢的玩乐活动。在某些情况下，如果他考试成绩不好，要适当地表示同情。某些情况下，要去学校找老师了解情况，看看孩子究竟发生了什么问题。有时候，则需要同孩子讨论一下，为什么成绩变得如此糟糕，发生了什么事儿，父母能提供哪些帮助，哪些错误孩子可以自己纠正。

此时，他过去的依恋经历变得尤为重要。如果孩子和父母之间有一个安全、充满信任的关系，孩子相信父母会理解他和帮助他，那么孩子会承认自己有些事情做不到，转而请求父母的帮助。如果他已经听惯了父母说“我没有时间”“你为什么不自己处理呢？”“你到底在想什么……”诸如此类的话，自然地，他就会回避父母，成绩也会变得越来越差，然而父母却什么都不知道。

如果孩子很小，很敏感，我们更要确保他不会被吓到，不会被伤害和羞辱。如果孩子很活泼，做事很积极，他就更适合一个充满活力的老师。

不要试图通过说服来解决这些问题，如果孩子真的无法适应老师的教学方法，可能就需要帮助他更换班级或学校。

没有哪个老师是完美的，但底线是他必须能作为一个成年人来关心和教育孩子。

走上康庄大道

我们的孩子就要长大了，性激素开始发挥强大的作用，孩子的身体发生了明显变化。到了青春期，依恋几乎完成了所有的工作，孩子实际上已经长大了。

回顾过去，我们可以看到，当孩子在过渡期得到了满足的话，分离危机也在转变。每度过一个过渡期，孩子就越来越不需要父母的照顾。

在孩子童年时期的每一个阶段，他都会去探索新世界。然而，当孩子无法应付生活中出现的问题时，他可能会重返之前的某个阶段，以此获得无条件的关爱和照顾。

当一个两岁的孩子无法应付生活时，他只能重返上一个阶段——婴儿期，回到父母的怀抱，回到心理子宫，我们前面详细讨论过这个过程。之后他长大了，先是去幼儿园，然后开始上小学，他的独立性和自主性都在明显增强。但如果这个阶段出了什么问题，他可能会后退几步，拉紧依恋的绳索，再次向父母求助。

假设有一个 10 岁左右的孩子，他在学校里发生了一件不愉快的事情。如果只是在餐厅里把汤洒在自己身上这类小事，他需要做的就是根据内在父母的要求去做：我记得妈妈在类似的情况下会把餐巾纸打湿，然后快速擦干污渍。如果问题比较严重，例如生病了，他会打电话给妈妈，听听妈妈的声音，同时得到一些建议。接到电话后，妈妈会仔细聆听，安抚他，同时告诉他可以去护士那里测量体温，开一些药吃。

还有更糟糕的情况：他被冤枉了，陷入困境。这时就需要妈妈过来，出现在他面前，让孩子看到她的人，听到她的声音，在现场把事情解决掉。如果事情真的很伤人，很可怕，那么对于孩子来说，有妈妈在身边非常重要。

好吧，如果是更严重的事情，例如受伤，受到极端惊吓，成为校园欺凌的受害者，那么就不仅仅需要妈妈出现在身边，而且还要拥抱他，让他实实在在地回到婴儿期，享受婴儿期的依恋待遇。

压力越大，孩子越“无法应付生活”，他需要的保护和照顾就越多，他就会回到更靠前的阶段。或者如心理学家所说，他在退化。

在一部电影中，一个年轻男子得病快要死了，他的母亲前来看望他。此前，他和母亲的关系非常紧张，他们有好长一段时间不说话了。现在他病得很重，情况不能再糟糕了，他的生命即将终止。这时，他请求妈妈躺在他身旁，给他唱摇篮曲。他是一个勇敢、坚强的男人，但这时他想回到婴儿期，因为致命的疾病令他无法掌控自己的生活。

一个阶段接着一个阶段，就像一个复杂的任务一样，孩子经历着他的童年时期。在需要的时候，他会暂时回到过去。在过渡期，孩子被关怀、新技能和依恋关系包围着，当他被满足的时候，他就会把自己推向下一个新的更加独立的阶段。

怀孕是一个过渡期，胎儿在妈妈体内成长，完全受到母体制约。一旦胎儿成熟，分娩就开始了，接着是母子身体分离。随后是婴儿期，也就是另一个过渡期。在这一时期，婴儿从母体汲取奶水，被照顾和满足，这一阶段最终也会以分离结束：婴儿开始挣脱父母的双手，获得行动自由。

此后孩子开始探索物质世界，这一时期，孩子以心理子宫为强大后盾，不断积累自己的各种技能，随后又是一个跃进——“抗拒危机”出现。当这个危机结束，孩子确信依恋是持久的，就会重新变回小孩子，处处需要依赖成年人，他想要跟随父母并接受父母的关爱，幼年时期他就是这样做的。再次分离大概出现在7岁左右，这是一个学习和准备向成年人世界跨越的过渡期。

现在，他正处于童年时期分离危机的最后阶段——少年。如果说对孩子1岁或7岁时的分离危机有很多人不了解，它们是“悄无声息”地进行的，所有的主要变化都发生在孩子内心中，那么少年的分离危机肯定会受人关注，就像出生必然会被关注一样。

出生时，胎儿从母体里分娩出来，摆脱了母体的脐带，走进人世间。现在他从依恋的心理子宫里走出来，摆脱了对父母的依赖，开始独自面对世界。对任何人来说，这都不是没有意义的。

第八章 从12岁到15岁——青春期，跨越差距

只要有一个人说他的儿子或女儿正处在青春期，别人都会报以“理解”的眼神。甚至有人会直接说“哦，是吗？很同情你！”或者说“哦，感谢上帝，我们已经经历过了，回想起来太可怕了。”或者是“我们还得做点什么……”听起来，做青春期孩子的父母是一种特殊的、非常艰难的经历，是人生中的特殊时刻。

传统上，青春期被认为是一段“困难”的时期，一直以来都与亲子冲突、父母惶惶不可终日、父母焦虑紧张、孩子可能发生危险联系在一起。这不只是一种习惯性偏见，这个年龄段孩子的变化确实是转折性的，也是一个“过渡的”年龄段，是从童年向成年的转变。

跨越差距

对童年和青春期阶段有过深入研究的心理学家埃里克·埃里克森，写了一篇有关青春期的文章：“年轻人必须像表演空中飞人的杂技演员一样，通过一个有力的动作松开‘童年’的横木，跳跃并抓住下一个‘成年’的横木。”

事实上，孩子在十一二岁到15岁之间发生的变化就像跳跃一样迅速。对于这种变化，通常女孩儿会早一点儿，男孩儿稍晚一些。我们眼看着孩子成长起来，他的身体在变化，孩子儿童时期的身体特征和比例被成年人的身体特征和比例取代。身体、皮肤、声音、气味都发生了变化，出现了进入青春期的特征。

经过之前几年相对平稳的发展，这些变化的速度确实令人震惊。许多父母承认，他们在给孩子买衣服时，以前尺码总是买得“很准”，这个年龄段却总是弄错尺码。当父母在学校或院子里寻找和同龄人在一起玩耍的孩子时，总是发现他的身高比自己想象的要高很多。

在学校里，儿童和青春期的少年之间的差异非常明显。五年级的学生会健步如飞般地跑进教室，他们能在队伍中间敏捷地穿梭，时刻在跑动，兴奋地跳上跳下，

> 并且喜欢跑步。
>
> 初中的学生就是急速长高的少年(超常发育的儿童)，他们在路上不是正常地走，而是拖着双腿；不是坐到椅子上，而是重重地摔在上面，然后费力地放下书包。他们经常感到疲惫，时不时地碰到家具拐角和门框，似乎他还没有记住身体的新边界。

这是快速成长的代价，内部器官来不及适应身体轮廓的增长，承受了太大的压力，无法提供有效的工作，因此会令人感到疲劳、嗜睡。

在汤姆·索亚和皮皮·长袜子那个身体健康、精力充沛又顽皮爱闹的年龄段里似乎被遗忘的慢性疾病，在青春期这个阶段会突显，甚至还出现了新的疾病。不幸的是，许多严重的、伴随一生的疾病，正是在这个阶段“开始”埋下伏笔。在这个阶段，身体器官的性能和机体免疫力会因人体快速生长而受损。

快速成长会影响机体健康和荷尔蒙重组。对于一个成年人来说，机体变化或荷尔蒙重组不会带来大问题，因为人体已经习以为常。但对于处于青春期的孩子来说，新的激素水平会让他们变化不定，使得他们时而冷若冰霜，时而出现不理智的兴奋，这影响了他们的大脑功能。青春期的烦躁很折磨人，这是一段焦虑又爱哭的暴躁时期，眼泪说来就来，有时来得“毫无理由”，也可能是“一切都烦透了”，或者是其他各种理由。

与外部环境没有任何明显关联的情绪变化更加令人恐惧。你可能会听到一个处于青春期的少年说：“我怎么了？为什么我会坐在这里哭，就好像有人死了，实际什么事儿都没有发生？”“为什么我经常感到愤怒，为什么我要仇恨我最亲近的人，可是你知道我爱他们。我大概是疯了吧！”

荷尔蒙驱动的情绪总是很强烈，可能仅仅因为只有自己才会注意到的外表上的“可怕”缺陷，就让人觉得生活已经结束了。男孩对于持续的、好像“所有人都会发现”的性勃起感到恐惧，女孩则担心月经。所有这些问题都是新出现的、羞耻的和令人不安的，有时甚至是痛苦的。

正在进行的身体发育，可能会带来新的优势和机会。孩子也可能因为青春痘和意外发胖受到打击，担心身体变化发生得太快（或太慢），甚至会担心“如果我长不大（长得太快）怎么办？”“为什么我这么瘦（胖）？”“我认为我的乳房太小（大）了！”“我的胡子根本不长（长得太快）！”“所有女孩都已经（还没）开始发育，但我还没有（已经开始了）！”

在身体不断生长发育的过程中，不同的器官有不同的发育速度，因此孩子的四肢长得可能不成比例，强壮的青少年可能有着高亢的童音，看起来感觉还是小孩子的女孩胸部明显。如何适应这些变化，如何用这些各异的身体部位把自己组装起来？

有人用杂志照片做了一个恶作剧式的拼贴画，把安吉丽娜·朱莉的身体粘在巧克力女孩“阿伦卡”的圆脸上，这样的人在生活中得多难受呀！处于青春期的少年很难相信这种身体的不和谐过不了多久就会消失，很难相信他很快会获得一个青年人的身体。

3 岁和 13 岁

青春期的艰难不仅限于生理方面。除了身体在变化，思维、能力、兴趣、自我意识、对同伴的态度、在家庭和社会中的地位、他人的期望、权利和义务等，一切都在变化。许多父母说，处于青春期的少年看起来就像两三岁的孩子，因为他们有同样的任性和歇斯底里，同样的暴躁易怒，同样的消极不安，同样不加选择地抗拒一切，同样的坚持，比如经常说“别管我！我自己来。”

即使这些行为根本行不通，即使自己对这些坚持也感到不快，但他还是会这样做。刚进入青春期的少年看起来又小又笨，但他认为自己又高大又独立。有时他会很愤怒，以至于耗尽了所有力气，而大人们则感伤地回忆起不久前那个还很亲切、温柔的孩子。

3 岁和 13 岁这两个年龄段的危机表现有相似之处并非偶然。我们应该记得一个快 3 岁的孩子在成长方面取得的突破：他突然能够独立地移动并操纵物体，自己做事儿，比如吃饭、穿衣服、上厕所，能够表达自己的思想感情，在冲突中会坚持自己的观点，开始与同伴一起玩耍。

青少年不也正是这样吗？他虽然 13 岁了，但看起来仍旧是个孩子。他服从父母的管理，父母控制他的行为，负责他的日常起居，对他的安全和成长负责。

到了十六七岁，他实际上已经是一个独立的个体，不仅可以在家中和操场上自由活动，而且可以在任何地方自由活动，可以自己照顾自己，做成年人能够做的所有实践活动，能够意识到并保护自己的利益，与家人以外的其他人建立关系。另外，他甚至已经有了生育能力。从自然的角度来看，这是一个完全成熟的、能够保护自我、自给自足并繁衍后代的个体。从社会的角度来看，这是一个能够对自己的行为负责、拥有护照、有权利去谋生并独立生活的人。

另一个问题是，从自然角度定义的成年和从现代社会角度定义的成年是非常不同的概念，这个问题将在后面讨论。如果我们生活在古老的文化中，那么十五六岁的男孩儿或女孩儿将被无条件地视为成年人，他们此时也许已经有了自己的家庭和孩子。也就是说，在短短的几年内，孩子的成长就有了一个非常大的飞跃。在如此巨大的变化中，孩子们承受着难以言说的压力，此时父母守护在他们身边，这有什么可奇怪的呢？

大家知道，把握任何新事物，都伴随着很多失败和挫折。一个 3 岁的孩子难过的时候，可能会躲进父母的怀抱。那么青春期的孩子呢？他已经长大了，不再适合这样做，也不应该再这样做。

分离永远伴随着禁止和冲突。3 岁的孩子不断听到“不可以！”“不要碰！”“小心！”这样的警告，青春期的孩子同样面临这样的处境。身体成长上，他现在可以和任何人去任何想去的地方，也可以做任何想做的事，他同 3 岁孩子一样有尝试、了解、进取的强烈愿望，他同样不会被危险吓退，遇到挫折不会灰心丧气，但他同样也经常听到“不可以！”“不许做！”“你还小！”这样的警告。不同的是，3岁孩子探索的是物质世界，一个由空间、体积、结构、气味和声音构成的世界，青春期的孩子探索的则是人文的世界，一个由关系、感觉、决定、原则、爱好构成的世界。

不管是3岁的孩子，还是青春期的孩子，他们的固执和不断发生的争执及吵闹，都会让父母气得头上冒烟。一个3岁的孩子，当所有人都对他说“不可以”的时候，他还可以坚持去做自己想做的事。万不得已的情况下，家长可以拦住他、抓住他或带走他，但家长无法这样对待青春期的孩子。

我的意思是，和儿童相处更容易。儿童虽然会制造很多麻烦，但他现在哭了，他还那么小，那么可爱，我们抱一抱他，安慰一下他，危机就会轻松地化解。那么青少年呢？在制造了种种麻烦后，他大喊大叫并“砰”的一声关上门，此刻如何让父母去拥抱这个满脸粉刺、骨瘦如柴的家伙？

这两个年龄段还有一个相似之处。在出生后的第二年或第三年，孩子开始意识到“自我”。他开始在镜子中认出自己，知道自己的名字，意识到自己是一个孩子，是男孩儿或是女孩儿，是哥哥或是妹妹。要知道，这是一个了不起的发现：这就是我！我存在，我就是我！他当然想立刻就利用这个新发现，于是他开始对你说：“不！我不想！我不会！”这时他发现了新的神奇的可能性：想要或不想要！服从或拒绝！他发现了自己的意志，自己的“飞行控制中心”，并且正在学习使用它，包括与父母发生冲突。

孩子一进入青春期，就能更强烈地感受到自己的存在，同时对自己有强烈的认同，这在许多儿童读物和回忆录中都有描述。这种被“我就是我，我存在”突然笼罩的感觉非常强烈，令人不寒而栗。

> 在布拉德伯里的小说《蒲公英醇夏》中，十几岁的主人公问道：“爸爸，大家都知道他们活着吗？”就在此时此刻，在这片阳光明媚的森林里，他自己被一种“存在的感觉”所笼罩。

婴儿脱离母亲的怀抱，从他与母亲的融合中“孵化”出来，而青春期的孩子则是从家庭中“孵化”出来。青春期的孩子必须学会按照自己的计划和意愿独立生活，做出自己的选择并对其负责。这个任务本身来说难度更大，毕竟婴儿哪怕是脱离了母亲的怀抱，他仍然知道妈妈就在不远处。婴儿脱离母亲的怀抱只是与父母分离的一个阶段或一小步，重要但不是关键的一步。

对于一个青春期的孩子来说，这将是一种彻底的分离。他很快就会离开家庭这艘可靠的、熟悉的飞船，飞往辽阔的太空。在这个过程中，艰难、可怕、美妙会相互杂糅，伴随他左右，依恋关系自然也将就此结束。

推翻权威

大家知道，与父母的关系是孩子生命中最重要、最有意义的关系，因此彻底分离不可能是不知不觉的。当某天我们第一次听到3岁孩子说“你是坏人，我不爱你”时，这既有趣又让人感觉惊讶。但是，与一个青春期的孩子说出的相似的话语相比，一个3岁孩子的胡言乱语又算得了什么呢！

危机年龄段的任务是在与父母的分离中取得突破，在父母的“无所不能”中感受失望。学会独立生活，就像为了拉直棍子，必须先把它向另一个方向弯曲一样。关于成年，甚至有一个诙谐的定义：“成年意味着做你自己认为正确的事情，哪怕你的父母也建议做同样的事情。”

孩子成年之前，有一段时期他们极力“不按照父母的建议”行事，做事完全取决于他自己是否想做，或他自己认为是否是值得做的正确的事情，然后才去做。对他来说，最重要的是打破束缚，摆脱父母的照顾和限制，与父母分离。这个时期的家庭“惶惶不可终日”，难道你还觉得很奇怪吗？

青春期的孩子解决了与父母分离的问题，最终会推翻父母在自己脑海中不可动摇的权威地位。还记得年幼的孩子是如何理想化、神化他的父母的吗？现在，突然间，他第一次发现他的父亲不再是世界上最坚强、最聪明、最公正的人，而是一个易怒、不再年轻、似乎也不是很聪明的陌生人一样的人。他的妈妈也不再是世界上最和蔼、最美丽、最善良的妈妈，而是一个容易疲倦、有些肥胖，对两性关系和社会生活充满了无知的偏见的女人，这些发现让他很难承受。

处于青春期的孩子，突然意识到他和他的父母是如此不同，他们的品位、眼光和价值观是如此不同。当然，他认为自己的选择是唯一正确的，而父母的则是过时且无聊的。即使这种想法没有大声说出来，也会通过声音和眼神流露出来，有时甚至会重创成年人。因此，一场关于音乐品味的普通争论，可能演变成一场似乎与这个话题完全无关的激烈冲突。

处于青春期的孩子，和他的父母似乎处在不同的坐标系中：孩子变化很快，而父母试图保持稳定；父母想让孩子先变得聪明，能够承担起责任，然后再展现自我，而孩子恰恰相反。父母对他们所爱的孩子正在发生的变化感到慌张，于是他们迅速地“着手培养”孩子，这最终破坏了他们的关系。

孩子得出的结论是：“同他们没有什么可说的。”同时，他也感到同父母不再亲密了。他感到孤独，想恢复同父母的亲密关系，但不知道该怎样做。他与家人疏远，以此凸显自己的冷漠。也许正是青春期孩子特有的心理保护方式，让人们普遍认为，对这个年龄段的孩子来说，家庭并不重要。

心理学家对处于青春期的孩子及其父母同时进行了问卷调查。

他们问父母：“你认为你的孩子最想从你那里得到什么？”

最常见的答案是：“让我给他钱，其次是别烦他。”

让孩子回答的问题是：“你最想从父母那里得到什么？”

最常见的答案是：“让他们和我共同度过更多的时间。”

尽管很多父母认为，孩子并不在乎与父母的不和，但对处于青春期的孩子来说则是非常痛苦的，有的会导致精神失常，严重的甚至会企图自杀。

不过，青春期发生的这一切，对父母来说也不容易。

对于那些为孩子活着的父母来说，他们尤其难以忍受在孩子心目中失去地位。要知道，孩子离开会威胁到他们生存的意义，让他们失去生活的动力。他们发现自己生活在一个空巢里，没有事业，没有完整的婚姻，现在连父母的角色也要失去，因此会产生幻灭的感觉，要如何继续生活下去呢？

对于那些总是对自己的生活不满意，多年来一直感到自己不属于自己，无论在工作中还是在创作中或是与伴侣的关系中都找不到自我的人来说，应对孩子的青春期危机更是艰难，因为孩子的青春期危机与父母的中年危机可能同时发生。

如果你被自己毫无意义、毫无价值的生活所困，而这个傲慢的孩子却漫不经心地对你说：“那么，这种教育给了你什么？就是做不喜欢的工作？”“你为什么要给我讲这些大道理，干涉我的私生活呢？还是操心你自己如猫狗一般的生活吧。”孩子这样的回话，对于父母来说简直是在背后插刀。你已经跌倒了，然后又被人推了一把。更让人伤心的是，向你背后插一“刀”的，是你自己辛辛苦苦带大的孩子……

这一切对那些一路走来过于“完美”，包括与孩子关系在内的所有方面都无可指摘的父母来说，也是难以接受的。他们如此善解人意，如此聪明，如此成功，如此年轻，如此美丽，怎么能失去在孩子心目中的地位呢？处于青春期的孩子因父母的不完美饱受折磨，而父母却对自身的表现如此满意，当然，客观来说也确实不错，但是你会发现，这样的父母更令孩子生气。

动画片《勇敢传说》做了一个有趣的尝试，展示出青春期危机不仅对孩子有影响，对母亲也有巨大的影响。主人公的母亲是完美的女人，她善良、聪明、美丽，且仍然年轻，被所有人爱戴。毫无疑问，她是真正的女王。同时，她还是一位伟大的母亲，温柔，细心，对孩子非常有耐心和爱心。

她无法接受女儿成为一个独立的、单独的个体，一个具有自由意志的人，于是她失去了所有的优雅风度，突然变成一头“怪兽”。她深受女儿青春期危机的折磨，直到粗暴、野蛮、原始的母爱让她把女儿从死亡中拯救出来的那一刻，她才得以解脱。同时她也记起自己，一个真实而鲜活的母亲，并非“模范”母亲。

从以上内容可以得出一个结论，青少年父母的首要任务是尽力照顾好自己和自己的生活。孩子们不再需要父母的照料和保护，这很好，父母会有更多空闲时间和精力去改变自己的生活，去实现因养育孩子而推迟的人生计划，去学习新的东西。他们为维护自己作为父母的地位和权威已经经历了诸多烦恼，而且他们也不再年轻，身体已经透支，他们该为自己考虑了。

这时，孩子的青春期危机可能已经过去，分离即将发生，父母和孩子以后可以在一个新的层面上交流，没有对立和斗争。

“当我14岁时，我的父亲是如此愚蠢，以至于我无法忍受他。当我21岁时，我惊讶的是，这个老头儿变得聪明了。”

——马克·吐温

在童年与成年之间

青春期危机不仅仅是一场与父母分离的危机，这时的青少年在社会文化中的地位也是捉摸不定的。从生物学上讲，到了青春期，一个人生理上已经成熟。但是，在很长的一段时间内，这个人可能在社会中仍被看作一个孩子，在思想的深度和处世能力方面仍显幼稚。此外，青少年自以为成熟了，但他在成熟程度的自我认知方面，和周围人的评价差别很大。

有一句俏皮话这样说："青春期是在发明蒸汽机的同时发现的。"的确是这样。相对而言，在传统文化中，没有任何关于"青春期"的概念，也没有"青少年"的说法。卢梭第一次提出"青少年"是欧洲文化中的一种现象，俄罗斯作家陀思妥耶夫斯基则写了一本叫《少年》的小说，在此之前，这个词没有被使用过。

在古代社会和现存的传统文化中，一个人进入青春期，就开始成为社会的正式成员，有权建立家庭，支配自己的行动，可以同他人一样平等地参与氏族部落或社会团体的重要决策。从儿童向成年人转变的那一刻，需要举行特殊的仪式——成年仪式，这象征着一个孩子消失和一个成年人新生。

在成年仪式过程中，人的名字发生了变化，外貌发生了变化（发型、文身图案、服装），在部落和团体中的地位也发生了变化。

他不能再得到父母的庇护，也不再被视为孩子。从某种意义上说，父母已经不欠他任何东西，也不再对他负责任。尽管成年仪式充满了严峻的考验，伴随着痛苦、恐惧、剥夺，有时甚至还有伤害，但成年仪式是一桩年轻人充满欢乐和期待已久的事情,因为从此之后，年轻人的社会地位会急剧上升，他开始拥有更多的权利和机会。

成年仪式后，孩子不会再回到父母的家，抚养关系已经结束。当然，他们仍然对彼此抱有感情，但他不再需要听父母的话，父母也不再需要养活他，对他的行为负责。依恋关系作为一种依赖联系，在完成子女养育任务后就停止了。

很多童话故事都是根据成年仪式的内容创作的。最早发现这一点的是语言学家弗拉基米尔·普罗普，他写了《神奇故事的历史根源》一书。他将童话故事看作成年仪式的记录,使我们了解为什么不同民族之间的童话，故事和情节竟然如此相似，为什么在童话故事中，主角总是青少年，为什么他们总是离开家乡，为什么总是回到家乡举行婚礼，等等。

为了完成一项艰巨的任务，最小的儿子（即少年）前往遥远的王国——彼岸世界。在那里，他遇到了作为助手的图腾动物，冒着生命危险，经历九死一生，经受了艰苦的考验。随后，他在大缸中进行浸泡，或用复生

> 水喷洒，整个人发生了蜕变，他以新的身份重新出现。之后他结婚了，得到了半个王国，成为自己生活的主人。
>
> 女孩子们也有自己的考验，更多的是对耐心和耐力的考验。例如，女孩儿在月经期禁止讲话，禁止与人交流，禁止吃饭、洗澡、接触地面。她们不得不弯腰驼背地蹲在一个特殊的棚屋里，这个棚屋通常建在木桩上，目的是让“不洁”的人接触不到地面。女孩子一个人在这里生活，身边只有一罐可用几天的水，只有失去生育能力的老妇人可以与她交谈。有的部落会让处于青春期的少女一直生活在这种禁锢下。
>
> 这些习俗反映在公主被囚禁在塔内的故事中：长发公主在塔内待了很长时间，她的辫子长得垂到了地面，只有举行了婚礼（英俊王子的出现），她才能获得自由。

在一些宗教传统中，某些仪式仍带有成年仪式的性质。社会中的一些重要人生阶段也标志着从一种身份到另一种身份的转变，比如获得护照、从学校毕业、达到法定结婚年龄。但是，所有这些重要阶段和过渡都是多样化的，分时间段的，对于不同的家庭具有不同的意义。没有一个公认的儿童变为成年人的时点，相反，都会设置一个“过渡期”。

在现代文明中，会使用长矛并能够建造一个可以和喜欢的部落姑娘居住的小屋是远远不够的。为了给自己和家人提供生活保障，需要学习很长时间，掌握当今世界上许多的生存技能，从支付账单到使用复杂的设备,到与老板建立关系以及安排每天的工作。

从自然的角度来看，生理上已经成熟的年轻人，需要 7 到 10 年的时间才能成为一个成熟的社会人。此外，由于没有像成年仪式这样的特殊仪式，因此尚不清楚最终转变发生在什么时候。有人认为达到某个年龄是一个临界点，有人认为是获得毕业证书、大学文凭或第一笔薪水。在这方面，青少年本人，他的父母、老师和社会大众的看法可能有很大的不同。

青少年在自己和他人眼中模棱两可的地位让人感到困惑，一方面，他被剥夺了儿童的大部分特权，人们希望他成熟，对自己的行为负责。例如，法律通常规定公民从十三四岁开始，需要对自己的犯罪行为负责。老师和家长现在也不太可能原谅青少年轻率、粗鲁、冲动的行为，但如果面对的是儿童，则会宽大处理。

另一方面，青少年暂时还没有获得成年人的特权，他在物质上和精神上还一定程度地依赖父母，必须向父母报告他要去哪里，和谁在一起，为什么要去那里。任何一个成年人都有权责备他，他的人际交往受到密切关注。青少年没有权利说“不知道”“不会”“不明白”，同时也没有权利对自己的行为负责，没有权利按照自己的意愿安排自己的事情。

还存在一种模棱两可和矛盾的情况。人们在面对这种矛盾时通常会做什么？当然是作弊！每个人都试图按照自己的喜好来行事，比如方便的时候这样说，不方便的时候说法恰恰相反。父母可以一口气说出“你还小，不能这样跟母亲说话。你脑门大，可以自己理解……”这样双重标准的话。青少年则会坚定地说：“给我钱去看电影，不要干涉我的生活！”这个相互矛盾的话也是在一句话里出现的。

青少年和成年人之间似乎存在一种永恒的争论。

“我不再是一个孩子了！”他如此宣示，他要捍卫他独立、自己安排生活的权利。

“但你还不是成年人！”父母试图通过限制和控制回应他。

“我还没长大呢！”青少年在请求支持、帮助和宽恕时说。

“但你已经不是孩子了！”父母要求青少年承担责任。

听到这种回复，青少年会宣泄成年人对他不断提出要求的不满情绪。难怪哪里有青少年，哪里就有冲突。

这种情况对父母来说也不容易应付，因为他们也处在这样一种矛盾的情况中：从社会的角度来看，他们必须对自己不能再为之负责的事情负责。

一个高年级学生的父母被叫到学校，“彼佳不好好做作业，请您采取一些惩戒措施。”有意思的是，难道学校认为连彼佳要做什么都不知道的父母，有办法让彼佳（身高1.85米，已经长出胡须）好好做作业，或者是给他讲解习题？父母和他一起做作业吗？如果他站起来走了怎么办？惩罚他不给他糖吃吗，不让他看动画片，不带他去看马戏，打屁股？

无论是父母还是学校，抑或是青少年问题专家，没有人知道这些问题的答案。然而，彼佳的成绩、行为和身体如何，却要问责于父母。父母要么因没有管好成长起来的孩子而感到自责，要么知道自己现在的管教注定会失败，也不得不去责骂、惩罚他。

在这个案例中，事件所有的参与者都知道真相：彼佳知道，父母知道，学校知道，但他们只能视而不见，自欺欺人。

真相是，彼佳已经长大了。现在喝波尔若米矿泉水[1]已经太晚了，事实已无法改变。依恋完成了自己的使命，跟随不再起作用。自然程序要求他们分离，要求父母放手。只是在社会的压力下，大家都假装彼佳是爸爸妈妈仍然牵着手的小男孩儿。

随着时间的推移，生理成熟年龄和社会成熟年龄之间的差距越来越大。越来越多的国家将成年的界限推迟到21岁，这无疑

[1] 一种以食疗功能为卖点的矿泉水。——译者注

延长了人类生命中令人难懂的青少年“过渡”时间。

保护儿童权利，为儿童提供更多机会和权利，这些想法是一种很好的导向，为人们指明了前进的方向，为孩子提供了安全周到的保护。

一个渴望独立的青少年，渴望“功勋和冲锋”的青少年，被迫坐在妈妈的裙子旁，或向爸爸要100元钱去看电影，他可能会被训斥，被禁止出门，被随便亲吻脸颊。从自然的角度来看，从这个年龄的要求来看，这是不正常的，年轻的狮子不应该被父母牢牢地控制住。

> 在动物中，保护幼崽的成年雄性可能会攻击接近成年的幼崽，尤其是当接近成年的幼崽开始“动摇”它的权力或地位时。因此，在自然界，接近成年的幼崽要远离成年雄性。例如，对大象来说，成年的儿子会被母亲赶走，因为成年大象对于长大的幼崽来说是危险的。
>
> 对于人类来说，已到青春期的孩子不仅被迫靠近成年人，还要完全依赖于成年人，这种情况下，产生压力是不可避免的。

昆丁·达威特[1]在这个年纪，拿着利剑，骑着骏马，为一位

---

[1] 沃尔特·司各特的小说《惊婚记》的主人公，是一位来自贫困家庭的年轻冒险家。——译者注

漂亮的女士而战。现在的青少年则吃的是营养均衡的午餐，父母担心他外出会被大雨淋湿，担心他遇到“坏朋友”。他想要考验自己，却被周到地保护着。他想要自食其力，却被精心地抚养着，同时还被大家斥为“啃老”，意思是“没有做我们认为应该做的事”。如果他按时去上学，天天洗碗，事事按照妈妈的话去做，不参加任何聚会，那么他就算是已经“自立”了，如果他不好好学习或者不按妈妈的话去做，那他就还没有“自立”，这就是“自立”这个词不同寻常的用法。

> 这个阶段对成年人来说也不容易。一个有趣的实验显示，人类感觉最不舒服的气味之一是自己已经成年的孩子的汗水味道。也就是说，别人家孩子的衬衫只是闻起来难闻，自己孩子的衬衫闻起来却难以忍受。这是一种天生的、防止乱伦的机制，是大自然的一种非常巧妙的安排。但是人们用巧计战胜了自然，当父母与孩子就“你的房间没法进，简直就是猪窝”这个话题互相对立时，不是你要孩子离开家庭，而是孩子离开家庭的时候到了。

毫不奇怪，父母和青少年之间出现家庭暴力是非常普遍的事儿。双方都是侵略者，这与情感虐待无关。不幸的是，这几乎成为一种生活方式。这种暴力充满侮辱、邪恶，有时父母和孩子之间没有任何节制地互相对骂，甚至不忍卒听，就好像这不是他们曾经亲吻过、曾经抱在怀里、曾经非常喜爱的孩子，就好像这不是曾经安慰他、呵护他，并被他视为世界上最好的父母。

有些父母有足够的个性和魅力，或者是因为傲慢和粗鲁，可以让孩子在身边多留几年。问题是，这样做对孩子有多大好处？对他们与孩子的关系会产生什么样的影响？

有些父母对孩子的照顾非常周到，管束也非常严厉，让他们的孩子感到绝望，以至于想逃离家庭，企图摆脱这种让人无法忍受、被人为延长的童年状态。有些父母和孩子具有很强的沟通能力，能够避免发生激烈的冲突。他们善于在放低的声音中，在相互理解中，在对以往的爱的回忆中达成一致，但很多父母和孩子做不到这一点。

父母与青少年之间的关系，有那么几年让人感觉难以理解，他们会伤害对方的自尊心。谁也不知道对孩子来说哪种情况更糟糕，哪种情况更受折磨。对孩子来说，是对父母百依百顺更好，还是在不知所措时无视父母的让步和绝望，蛮横无理地对待父母更好，这个话题谁也说不清。正如马卡连柯[1]曾经写道：没有比打败自己的父母更不幸的人了。

重要规则！众所周知，时代是无法选择的，也许再过几个世纪，人们会找到一种减少青春期父母和孩子相互伤害的方法。但

[1] 安东·谢苗诺维奇·马卡连柯（1888—1939年），苏联教育家、作家。——译者注

在今天，这些问题我们还是无法逃避。重要的是要明白，在我们与正在长大的孩子的冲突中，很多情况不是因为他们是坏孩子，也不是因为我们是不称职的父母，而是因为我们还没有找到在这样的规则下行事的平衡点，尽管这个规则已经经过了数百万年的磨砺。

由于某些我们无法左右的原因，我们不得不延长孩子对我们的依赖期。但我们要明白，**应该延长依恋中好的、令人愉快的一面。**如果我们还像控制幼年孩子一样控制青少年，但是又觉得没有必要宠爱或爱抚他，那么他怎么能接受这样的关系呢？既然不得不人为地延长孩子的童年时期，那么让他继续感受童年的爱抚也很重要，比如抚摸他的头，下班时给他带最喜欢的零食或小玩意儿，和他一起出去游玩、聊天、笑闹。

重要的是，我们要注意和青少年说话的方式，即使他们有时缺乏礼貌，行事粗鲁，我们也不要经常严厉地批评他、侮辱他，因为如果成年人也大喊大叫地斥责他，情况只会变得更糟。关爱、心平气和以及善意的幽默，有助于维护家人间良好的沟通氛围。要知道，他仍然是你喜爱的那个孩子，只是暂时有些刺人。

同时，如果可以的话，随时准备让他独立，让他自己做决定并对自己的行为负责。例如，当有电话从学校打来时，最好将电话交给他本人，让他自己来处理。

可怕的群体

对于10到12岁的孩子来说，同龄人在他的生活中变得越来越重要，此时他已经掌握了处理平等关系和伙伴关系的技巧，这是成长和准备开始成年生活的必要阶段。

在古代社会，有些部落曾经制定这样的规则：达到一定年龄段的孩子要离开家庭，住在所谓的“森林之家”，在远离部落栖息地的荒野中生活。他们的祭司，部落中最优秀、最聪明的人会教他们礼仪、狩猎和其他必须掌握的技能。

> “森林之家”的传统在许多童话故事中都有所反映，最著名的是普希金的《死公主和七勇士的故事》。欧洲类似的童话是7个小矮人的故事、天鹅兄弟。这种兄弟团体通常居住在远离人类的森林深处，女主人公来到这里，变成了“可爱的姐妹”，然后她会死去（经历成年仪式），等回到人类世界时，他将作为新娘直接参加婚礼。

在“森林之家”学习的阶段，是成人仪式的一部分，是从童年到成年的过渡。正如我们前面所说，在很多地方的观念中，人们认为，当一个孩子消失的时候，一个完全不同的人——成年人便诞生了。所以在对孩子进行的所有训练和成年仪式中，他们就像是生活在另一个世界的人一样。他们不能被部落的其他成员看到，不能吃普通的食物，需要接受非常严格甚至严厉的管理。

后来许多地方的风俗习惯，如斯巴达风俗，都可以追溯到人类社会早期的成年仪式实践中。考虑到要让孩子们掌握复杂的生存技能，今后承担起应负的社会责任，他们甚至会把孩子“教”死。当然，在这个训练过程中，欺凌行为是存在的，并且已经成为常态。但欺凌并不被视为屈辱，而是视为群体内部等级制度的自然表现，是对勇气和意志的考验。

一方面，从当今的人道主义和人权观点来看，这些习俗相当苛刻和野蛮。另一方面，孩子们仍然需要这样的东西：为了群体的生存，为了保守秘密，为了远离普通成年人，到一个勇武和智慧的人领导的地方感受害怕和艰难，努力战胜自己。为了共同的事业，为了我们的兄弟（“森林之家”的居民都称为“兄弟”）；为了象征和仪式，为了明确“我们的”和“别人的”之间的确切界限，我们需要这样做。

谁知道如何处理这个年龄段孩子的需求，谁就能成功地应对青少年问题。像马卡连柯的“工学团”和公社，也有“森林之家”的一些特征。

曾经还有一些学校、俱乐部和团体中，需要无条件地服从集体领导，禁止“恋爱关系”——所有女孩都是姐妹（“我们要成为亲密的姐妹”），具有复杂且华而不实的仪式、规则、形式、内部等级。如果再营造出一种集体至上的、非常特殊的、把自己“神秘”的世界同其他平淡无奇而又枯燥无味的神圣世界对立起来的氛围，孩子们就会深陷其中，无法自拔。

还有一些儿童读物描写过孩子们具有自己的“总部”、首领、秘密通信系统和精心设计的规则，有自己的价值观和信仰，每个人都愿意为“共同的事业”去牺牲，这并非偶然和巧合。

以前出版的《铁木尔和他的伙伴们》[1] 一书，现代作家叶莲娜·穆拉索娃[2] 的《焦虑的警卫》，都属于此类儿童读物。

---

[1] 苏联作家阿尔卡蒂·彼得洛维奇·盖达尔（1904—1941 年）的作品。——译者注

[2] 俄罗斯作家，作品多探讨青少年相关问题，著有《矫正课》《焦虑的警卫》等。——译者注

延伸阅读

《铁木尔和他的伙伴们》是一部中篇小说，主要讲述了在前线的爸爸拍电报让姐姐奥丽佳和妹妹珍娜到小别墅度假，13 岁的小姑娘珍娜在度假的途中迷了路，冒冒失失地闯进了一座神秘的别墅……这是一部关于责任和理想的作品，文字轻快，情节曲折，弥漫着浪漫主义气息，能让孩子们在轻松阅读的同时感受到什么是善良，什么是勇敢，什么是忠诚，什么是友谊。

青少年的“小群体”经历对他们的成长来说是至关重要的，这是人类社会中固有的现象，也是这个年龄段孩子们的需求，没有这种“小群体”，孩子们会“窒息”。

任何在学校工作过的人，都知道同七年级到九年级的学生打交道有多么困难。尤其是男生，总觉得他们不应该出现在这里，他们应该在树林里或草原上跳跃、奔跑，考验和证明自己，所以他们太过活跃也就没什么奇怪的了。学校生活对女孩儿来说似乎更轻松一些，因为这很像对女孩儿的成年测试：耐心，不动声色，沉默，服从。

这个年龄段的一些孩子可能会因为需求不被满足，而以畸形的方式体现了出来，于是街头就出现了狂热粉丝这样的群体。相对平和的一种（尽管有时也会让人震惊）是青少年亚文化，所有这些“哥特式”“情绪硬核”“朋克”以及青少年对于“自己人”的承诺，比如遵守集体规则和群体价值观，成为他们生活的主要内容。孩子们整日成群结队，这些群体常常是“狂野的”“邪恶的”，缺乏传统文化的熏陶，没有被睿智的人引导。还有一些群体被一些别有用心的人有意操纵，这些操纵者的目的不是帮助青少年健康成长，只是想要利用他们不拘小节、狂野的力量和对冒险的渴望。

青少年对“群体”的忠诚不是一时兴起，也不是逃避枯燥和无聊的生活方式。通过与同伴沟通，他们理解他人，获得威信，解决冲突，体验背叛和忠诚，同时结交朋友。相对于学校提供的各种学科学习内容，这才是青少年的主要活动。

实际上，民意调查显示，即使去学校上学，青少年的一个重要目的也是为了与同学交流。对他们而言，学业上取得成就，只不过是增加他们在同伴中威望的一种手段。然而，如果有一个群体认为成为一名成绩优秀的学生是可耻的，那么一个有能力的孩子可能会为了“符合群体要求”而有意不去完成作业。对于青少年来说，成为被团体驱逐的“白乌鸦”，比任何来自父母和老师的压力都糟糕得多。

在性质相同的群体或亚文化中，青少年往往看起来外表相同，想法相同，喜欢并鄙视的事物也相同。

> 在伊利亚·兹维列夫的搞笑故事《4月2日》中，一个七年级女学生坚持剪掉辫子，因为她所属的群体中“每个人都这样穿戴，这样更新颖”。即使父母拿出字典，也无法向她证明“新颖”和“像所有人一样”不能同时并存。但是，处于青春期的孩子就可以这样做，这就是他们的价值观。

如果孩子与父母的关系总体良好，并且依恋是牢固的，那么父母对青少年仍然具有权威，即使他们并不愿意承认这一点。

> 一个典型的情况是：你和十几岁的孩子争论，他简直什么都不同意，你所有的观点和想法都会受到质疑和冷嘲热讽的反驳。一两天之后，你无意中听到他和一个朋友在电话里谈论同样的事情，你会惊讶地发现，这个叛逆的孩子在非常自信地向他的朋友阐述你昨天表达的观点。我向大家保证，你不在场的时候，这种情况会更频繁地出现。

通常来说，青少年加入的群体对群体中“不合群的人”很冷酷，因此群体的压力使他害怕，毕竟很少有人能成为《绿野仙踪》[1]中的英雄。这时，尽管所有事情都可以忽略父母的意见，但对于青少年而言，重要的事情还是需要依靠父母的支持，甚至父母已经成为他们实际的、不自觉的隐形支柱。

延伸阅读

《绿野仙踪》讲述了堪萨斯女孩儿多萝茜及小狗托托被一阵龙卷风吹到奥兹国，为回到家乡，而展开的一场关于爱、勇气与梦想的奇幻冒险。在冒险途中，多萝西遇见了没有脑子的稻草人（渴望拥有聪明的大脑）、缺少心脏的铁皮人（渴望拥有一颗善良的心）以及胆小如鼠的狮子（渴望获得勇气），为了实现各自的愿望，他们组成了寻梦小分队，一路上经历千难万险，最终实现了梦想。

当涉及一个非常重要、复杂、意义重大且具有潜在危险的事情时，如果那时他与父母没有陷入战争，他们的关系没有被彻底破坏，管束和服从仍旧存在的话，青少年会随时准备向父母寻求建议和帮助。

[1] 美国具有开创意义的童话作家莱曼·弗兰克·鲍姆（Lyman Frank Baum，1856—1919年）所著童话故事。——编者注

父母梦想将自己的孩子培养成思想独立、个性鲜明的人，因此对青少年群体的盲从非常恼火。对于父母来说，孩子跟随一个通常没有他们的孩子聪明并且性格不讨喜的领导者，这种事情理解起来特别困难。但是，在一个青少年面前贬低权威是没有用的，只会破坏亲子关系。父母最好的办法就是等待，等待盲从他人的年龄被强调个性化、个人独特性的年龄取代，这个年龄很快就会到来。

随着时间的流逝，青少年加入一个群体的需求都会得到满足，无论这个群体是好是坏。但当青春来临，他就不想再被这个群体束缚了，他想成为一个成年人，一个独立的个体。从群体认同到否定群体，认为群体不能取代个体表达，是每一个人在成长过程中获得自我认同的必要步骤。

寻找自我

如果生理的变化是自然发生的，社会地位的改变是由社会机制决定的，那么心灵建设的工作就必须由个人来完成。到 12 岁的时候，伴随孩子来到世界上的一切，如气质、性格、能力，基本已经体现出来。在孩子气质、性格和能力的背后，是他童年的重要阅历。

现在，基于这些阅历，青少年必须开始建立他的身份，形成他的个性。在不久的将来，这能够支撑他们自主安排自己的生活，独立做出重要的决定。埃里克·埃里克森将这一过程称为身份危机，其宗旨是找到自我。

寻找自我的工作非常艰巨。青少年不是刚出生的婴儿，他能敏锐地感觉到自己的不完美，以及自己对年长者和同龄人的依赖。他想努力变得更好，结果却被一种不安、虚幻的感觉折磨，然后他断定："既然我很糟糕，那就没什么好掩饰的。"于是他做了很多日后会后悔的事情，说了很多日后会后悔的话。所有这些经历，在塞林格著名的《麦田里的守望者》一书中都有非常准确的描述。

延伸阅读

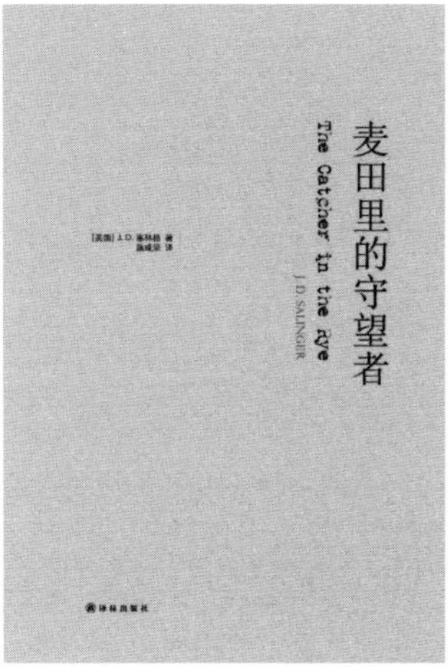

《麦田里的守望者》以主人公霍尔顿自述的语气讲述自己被学校开除后在纽约城游荡将近两昼夜的经历和心灵感受。它不仅生动细致地描绘了一个不安现状的中产阶级子弟的苦闷彷徨、孤独愤世的精神世界，一个青春期少年矛盾百出的心理特征，也批判了成人社会的虚伪和做作。

青少年不再满足于外界对自己的评价，他想知道“实际上我到底怎么样”。10 岁的时候，一部英雄电影或一本故事书，就能促使孩子幻想自己是不可战胜的英雄。13 岁的时候，他的想法完全变了，“是的，他不是胆小鬼，如果是我的话，可能……”“做公主和美人对她来说很好，而我是一个又丑又笨、成绩糟糕的学生，我这一辈子该怎么办呀？”

当你听到青少年之间的谈话时，你会注意到他们是如何谈论自己的。谈话内容并不取决于他们的智力和文化水平，对话可能使用相当粗俗的语言，而且词汇量很小，其内容却与陀思妥耶夫斯基或塞林格的小说主人公的内心独白相同：

“我是这样的人……”

“我不知道你怎么想的，但我不喜欢你这样做……”

“我不是那种性格，能够……”

“让他们随便怎么想我，但我……”

“我认为……”

专注自我，需要不断地评估自己，这让青少年变得非常脆弱。周围人的行为、说法和感受，他们都是通过自己的情感面纱感知的。他觉得每个人都在注视着他，讨论他的长相和行为。稍微有点尴尬的状况，一个不恰当的词语，一个偶然的错误，都会让他们“痛不欲生”，进入漫长而痛苦的反思。

青少年开始意识到，要对自己的一言一行负责。

小的时候，行为无论好坏，都是受瞬间感觉的影响，一时冲动而为，他自己也不明白为什么要做这些蠢事。但那时，他们会非常肯定地说杯子是“自己掉下来”的，或者是“小矮人”自己把房间搞得很乱。至于后果，作为孩子来说，唯一期待的就是让所有的风暴尽快过去，让父母不再生气，让一切重新风平浪静。

现在一切都不同了，某一时刻受情绪影响做了一些愚蠢的事情，大家可以理解，这种情况很容易发生。但是随后，不管这件事是否造成麻烦，青少年都会开始反省，进入一个痛苦的自责过程。这不仅会在有特殊意义的行为中出现，也会在他的每一个想法和感受中出现。

> 小孩子会不由自主地说：“感觉……”“记得……”但没有人称主语，而青少年则更强调“我”，会说：“我认为……”“我记得……”
>
> ——列夫·维果茨基[1]

了解自己，有责任感，有自我意识，都是这个年龄段的孩子获得的身份意识的组成部分。他有时候是如此新颖和敏锐，以至于青少年认为自己和别人不一样，自己很特别。这种感觉可能会摇摆不定，一会儿认为自己是天才，负有特殊的使命，一会儿又感觉自己毫无价值，形容丑陋，行事反常。对这个年龄段的孩子来说，平凡会让人觉得无法容忍，是一种极端负面的特征，但它又与“像其他人那样”的愿望惊人地融合在一起。

找到自我，构建自己独特的个性，这是一个艰巨的任务，尤其是在现代社会。在古代社会和父权社会中，个性是从上一代继承下来的，孩子在青年时代可以一劳永逸地获得。比如，我父亲是铁匠，祖父是铁匠，我也是一个好铁匠。又比如，我来自河流上游的村落，我们有共同的观念、生活方式和民族属性，像成熟

[1] 列夫·谢苗诺维奇·维果茨基（1896—1934年），苏联杰出的心理学家，著名社会文化历史学派的创始人。——译者注

的苹果一样完整、坚固、统一。

如果是在现代社会，一切又是另外的样子。一个人可能出生在一个文化、民族和宗教杂糅的家庭中，可能出生在乡村，生活在城市，或者相反。如果需要的话，他还可以更换国家、社会阶层、职业、生活方式、信仰等。他不会一生只在青年时代对自己做一次建构，现代人一生都在建构自己身份的独特标志。青春期危机只是一系列成长和发展危机中的一个，未来他不得不多次询问自己相同的问题：“我是谁？我有什么不同？我为什么活着？”

任何缺少这一认知过程的人，可能永远都是个半大孩子。这种人在现代社会也可以生存，他可以花一辈子的时间消费、娱乐，做吩咐自己做的事情，并被视为社会中的重要一员。在布里奇特·琼斯的喜剧中，人们很喜欢看可爱的“长不大的孩子”，但很少有人愿意和他们一起工作，一起抚养孩子，甚至是一起逛街。

完成职责移交

青少年的感情和抱负是矛盾的，有时连他自己也不明白。他想要进入一个更大的世界，在其中找到自己的位置，但他又对这个世界进行激烈的批评，拒绝接受这个世界。对所有生物的欣赏和热爱，将世界变得更美好的梦想，都受到了忧郁和绝望的重击，被“丽露综合征”所改变，还记得《第五元素》这个电影中的女主角吗？一个至高无上的存在，在看了半小时的人类历史后，就因为痛苦和恐惧陷入了昏迷。

分娩时曾经极力邀请孩子进入这个世界，但这个世界其实并不总是公正和温柔的，就像新生儿不得不忍受寒冷的空气、僵硬的尿布以及不能马上得到食物一样，他还需要努力去适应这一切。青少年也一样，他必须接受这个世界的冷酷和艰辛，明白世界上没有什么是免费的。

在自己的孩子张开翅膀的那一刻，我们可能会感到遗憾，但我们不能再把他抱在怀里，让他远离世界，把他放在依恋的心理子宫中。我们不能用吹气和亲吻伤口来安慰他，不能去对付所有欺负他的人，他也不再相信我们的赞美和喜悦。

不幸的爱情，亲密朋友的背叛，重要考试失败，同龄人中最差的人，我们的孩子必须忍受这样的痛苦，我们无法保护他们免受这些痛苦，但这也正是慈爱的、合格的父母最难接受的。我们已经从一个对孩子完全负责的父母，变成了一个无须负责的年轻人的父母，虽然这个年轻人仍旧需要父母的支持和关爱，但他要自己对自己负责。

在少年时期和青年时期，父母的角色就像拳击比赛中的助手，有时觉得我们该出手回击那个击打我们孩子的混蛋的脸，恨不得亲自出马解决孩子面对的问题。当然，如果以我们的经验、知识、关系和能力，我们会做得很好。但问题是，我们的出击不会得分，因为这是他们的比赛，不是我们的。父母的工作就是待在拳击台下一角，心疼他，给他鼓劲儿，为他打气，同时准备一条毛巾，随时准备擦干年轻拳手的额头。这就是父母能做的一切，再无其他。

童年结束了，父母和孩子之间已经完成职责移交，接下来就看他自己的了。

童年之后

终篇

一旦我们惊讶地发现身边出现一个体格强健的壮小伙儿或一个漂亮出众的大姑娘，他或她成了如此自信、如此独立的成年人，那么说明青春期已经过去，“丑小鸭”已经变成了美丽的白天鹅。这时我们可能会感叹，难道这真的是那个爸爸曾经一只手就可以拎起来的孩子吗？

这是一种奇怪的感觉。你看着他，这个非常出色、值得你骄傲的年轻人，心里却怀想以前的那个小家伙儿。这时你不免陷入沉思，现在他在哪儿，跑到哪儿去了？多想再抱抱他，闻一闻他的气味儿，哪怕就一次呢。

有时，我们会满含笑意地翻看孩子儿时的照片，回忆他满月、1 岁、5 岁、10 岁时候的样子。现在，将我和这个年轻人联系在一起的是什么？人类是如何紧密地联系在一起的呢？

隐形支柱

随着孩子的成长，他对父母在物质上的依赖越来越少。最初，这种依赖就是一根管子——脐带。接下来是奶水和全面的照料，接着是托举的双手，然后是呵护的声音和慈爱的目光，再然后是留存在他们记忆中的建议和警告。当童年结束时，孩子对父母的依赖，在物质上仅限于生活费用和栖身之所。再过几年，这种依赖也将成为过去。

随后，父母将与他建立新的关系：成人关系，血亲关系。今后，也许我们会成为朋友，也许不会，虽然在个人兴趣和生活方式上我们可能截然不同，但我们将彼此珍视。我们可能会经常见面，也可能天各一方，见面不易。我们的子女将解决我们无法解决的问题，了解我们不知道的事情。我们虽然不再是他前进的助手，但至少可以为他的胜利高兴、喝彩，或者在他失败时安慰他和支持他。

再过很多年，也就是在我们的晚年，我们可以依靠孩子，他会帮我们干一些体力活，给我们提供生活费用，帮助我们解决自己应付不了的问题，甚至他还可能会用汤匙给我们喂饭，给我们更换尿布。最后他彻底地失去我们，我们再也不能帮助他，安慰他，挂念他，在世上留下他独自一人。

孩子长大了，越来越多的依恋线变得模糊不见，这些线是我们精神上、情感上的联系。即使父母自己无法再为孩子提供保护和照料，这种情感联系仍然是一种资源，一种支持。

还记得吗？大概有 7 年时间，我们住在他的心里，此后还有几年时间，内在父母的形象使他获得更多的力量，也使依恋的色彩变得更加鲜明和生动。在青少年分离危机时期，现实生活中的父母失去了神圣的光环，成为一个普通人，脆弱而不完美。但是，作为孩子自信、自立、自强的源泉，父母的形象仍然存在于他的内心深处。

在一个人的生活中，这种内在父母的心理形象非常重要。还记得吗，当一个孩子无法应付面对的危险，受到巨大的压力时，他会回到父母的怀抱。成年后，父母的怀抱已经没有了，但是在强烈的压力下，我们仍会在心底听到内在父母的声音。

当我们被冒犯、被欺骗、被出卖或被老板不公正地训斥时，这种情况在成年人生活中并不少见，拥有良好依恋经验的人会从内在父母那里得到安慰："没关系，你很聪明，你会成功的，一切都会走上轨道，尽力而为你就能做到。"

拥有惨痛依恋经验的人，内心听到的则是："是的，你当然是一个没有任何能力的白痴，我一直都是这样对你说的！你看，每个人都知道！"

有人内心听到的声音会说："小心照顾好自己，你很重要，你是最棒的。"

有人听到的是：“是的，你认为谁在乎你！？”

有人会听到这样的话：“一切都会好起来的。”

有人则听到如此说：“和你在一起永远是不幸的，有这么多糟糕的事情发生。”

面对不同的声音，谁能更好地应对生活？谁会变得更强大、更顺利、更成功？

应对生活意味着承受压力。在沙滩椅上舒服地躺上一会儿，对每个人来说感觉都是一样的，谁都能轻松做到。但是如果面临严峻考验，面对生活挑战，人们之间的不同就会立刻显现出来：有人竭力划水求生，有人则自愿沉没；有人骑在别人的头上妄作威福，有人却在帮助贫弱者；有人准备不计成败地闯出去，有人则准备放弃，借酒浇愁。

在平静的状态下，我们可能并不需要内在父母，因为我们自己有头脑。在压力状态下，当大脑边缘系统陷入恐慌时，大脑皮层处于畸形状态，此时内在父母发出的声音就开始起作用了，这是保护和关怀的声音，是能跨越时空、超越生死的依恋的声音。

当我们拥抱、安慰、保护孩子的时候，我们当然不会想到这些。也许几十年后，正是我们当时安慰鼓励的话语，我们的拥抱，我们的关爱，使他免于抑郁，免于轻视自己，免于犯致命的错误，免于向困难和疾病屈服。当他的童年结束时，依恋依然陪伴着他，这是他人生的隐形支柱。

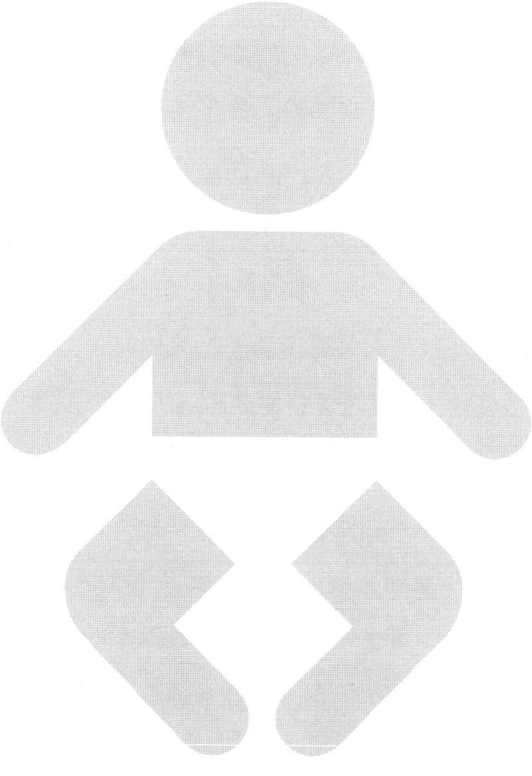

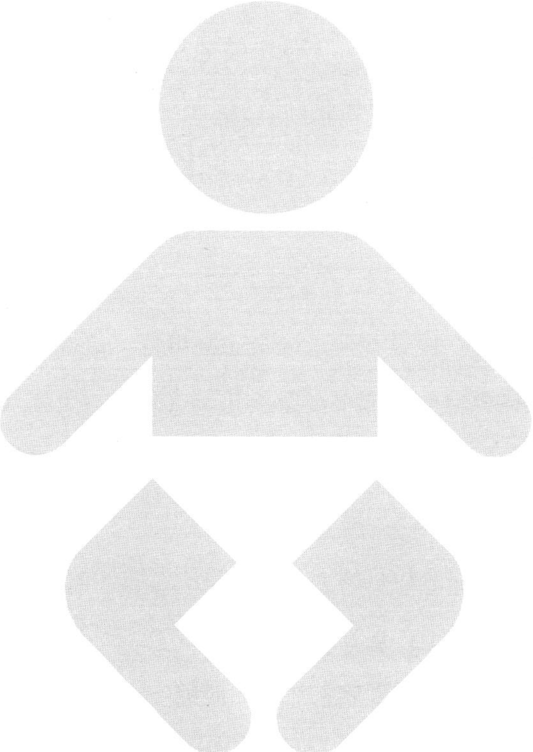

传承下去的“自动驾驶仪”

内在父母的另一个重要任务，是当我们的孩子成为父母时，为他们抚养自己的孩子提供参照和借鉴。当然，我们抚养孩子的方式和父母抚养我们的方式并不完全相同，我们会做很多批判性评估，希望做出改变。

我们每个人都曾想过，“不，我永远不会像妈妈那样做事和说话。”但谁都没有意识到，正是童年里让他感到难过的那些话，那些让他发誓永远也不会说的话，后来他自己用同样的语调说了出来。

当我们头脑清醒，记忆力旺盛时，我们会以自己认为正确的方式对待孩子，就像我们自己决定的那样，像心理学家建议的那样，像我们在书中读到的那样。但是，如果我们累了，睡眠严重不足，生病了，或者非常紧张时，也会做出和父母同样的事情。

比如，当你把 3 岁的孩子从飞驰的汽车旁边拉过来后，你说的和做的并不是心理学家建议的，恰恰是你的妈妈在这种情况下所说和所做的。这种情况就像飞行时失去人工控制，改由“自动驾驶仪”掌舵一样。我们每个人都有自己的程序，其中一个就是在童年写入的独具特色的程序。

总的来说，如果我们喜欢养育孩子，那真是太好了。当我们有意识地采取行动时，“自动驾驶仪”也会做出与我们所做差不多的事情。如果我们出现下意识的行为呢？比如我们发现自己手里拿着一条皮带，或者大声斥责孩子，侮辱孩子，尽管我们在青年时期就发誓无论何时何地，无论什么原因，永远不会对自己的孩子做这样的事，这种事情仍然有可能发生。之后，如果我们借酒浇愁，变得茫然无助和不成熟，孩子也会受到惊吓，以后的表现会更糟糕。和自己的“自动驾驶仪”发生冲突，是令人非常苦恼的事。但完全放松和天天快乐的父母是不存在的，我们必须时刻保持头脑清醒，当然，崩溃的情况也不可避免[1]。

我非常尊重那些付出了巨大的牺牲和努力，与孩子建立自然、稳定依恋关系，对孩子充满爱与关怀的父母，对那些暴躁、易怒和可怕的父母，则无话可说。

父母的任务是艰巨的，但是非常值得尝试。有需要的话，可以借助书籍、培训等提供的育儿经验和育儿方式，当然也可以与其他父母交流，咨询心理学家获得帮助，这一切都能给父母提供内在支持和心理安慰。

这个艰巨的任务还有另一面。事实证明，我们为了与孩子建立持久、深厚的依恋，所做的一切不仅对他们，对我们的孙子和

[1] 关于此事在《如果做父母很难》一书中有详细描述。——作者注

曾孙也有帮助，甚至对许多代人都有帮助。如果我们在孩子心目中形成的内在父母形象是支撑和关怀孩子健康成长的，那么我们的孩子就能更好地养育他们的孩子。因此，我认为我们所做的一切努力都是值得的。

* * *

关于抚养孩子的依恋故事就此完结，旅程已经结束。看看我们依恋发展的最后一张“路线图”，景象与第一张何等相似！

把孩子带到这个世界之前，我们在身体里孕育着他。现在他来到这个世界上，却要时刻把我们带在身边。

在成长的这条道路上，我们用满满的关爱回应他的依赖。现在他准备离开家，开始自己的生活。依赖变成了独立，依恋升华成自由，这难道不是奇迹吗？

> 你们的孩子，都不是你们的孩子，
>
> 乃是“生命”为自己所渴望的儿女。
>
> 他们是借你们而来，却不是从你们而来，
>
> 他们虽和你们同在，却不属于你们。
>
> 你们可以给他们以爱，却不可给他们以思想，
>
> 因为他们有自己的思想。

你们可以荫庇他们的身体，却不能荫庇他们的灵魂，

因为他们的灵魂，是住在“明日”的宅中，那是你们在梦中也不能想见的。

你们可以努力去模仿他们，却不能使他们来像你们，

因为生命是不倒行的，也不与“昨日”一同停留。

你们是弓，你们的孩子是从弦上发出的生命的箭矢。

那射者在无穷之中看定了目标，也用神力将你们引满，使他的箭矢迅疾而遥远地射了出去。

让你们在射者手中的“弯曲”成为喜乐吧；

因为他爱那飞出的箭，也爱了那静止的弓。

——《先知》，卡里·纪伯伦

想了解更多有关依恋的内容，可阅读如下图书：

约翰·鲍尔比《依恋三部曲：依恋》

温尼科特《婴儿与母亲》

格哈特《母爱的力量——母爱如何塑造和促进婴儿的大脑发育》

科尔恰克《如何爱孩子》

纽菲尔德、马泰《不要错过你的孩子》

梅莉亚《生命第一年的主要秘密》